KB195609

# 우리말에 깃든 조선 벼슬

금요일엔
역사책
11

# 우리말에 깃든
# 조선 벼슬

·

이지훈 지음

한국역사연구회
역사선

푸른역사

## 머리말
## | 벼슬에서 속담으로 |

"유 부장님, 2012년에도 최우수상, 대상, 떼놓은 당상."

10여 년 전에 방영한 TV 예능프로그램 〈무한도전〉에 나온 말이다. 여기서 나온 "떼놓은 당상"은 '일이 확실하여 조금도 틀림이 없다'는 뜻이다. 지금도 일상에서 자주 쓰여서 사람들에게 친숙한 속담이다. 최근에 EBS에서 펭수가 이 속담을 쓰는 장면이 나오기도 했다.

익숙한 일이지만 새삼 신기하기도 하다. 속담에 등장하는 '당상堂上'이 오늘날 잘 쓰지 않는 낱말이기 때문이다. 이 책에서 곧 다룰 테지만 조선에서 '당상'은 '일정 등급 이상의 벼슬 혹은 그 벼슬에 있는 벼슬아치'를 일컬었다. 박물관 전시 패널이나 두꺼운 학술 서적에서 찾을 수 있을까 말까 한, 조선 시대 연구자들이나 가깝게 느낄 그런 낱말이다. 일상에서는 거의 쓰임이 없다. 그런데 국어사전을 찾아보면 "떼놓은 당상"처럼 조선 시대 벼슬에서 비롯한 속담은 꽤 많다.

오늘날 존재하지도, 딱히 필요하지도 않은 조선 벼슬이 어떻게 지금까지 우리말에 남아 있을까? 가장 먼저 떠올릴 수 있는 건 속담의 힘이다. 우리는 말하고 글을 쓸 때 종종 속담을 쓴다. 속담은 "예로부터 민간에 전하여 오는 쉬운 격언이나 잠언"으로, 자신의 해학과 재치를 드러내고 싶은 사람이나 늘어지는 말과 길어지는 글을 피하고 싶은 사람에게 훌륭한 도구다. 하지만 자기 마음대로 속담을 만들어 쓸 수는 없다. 속담은 그것을 듣는 상대방이 이미 그 뜻을 알고 있을 때 효과를 발휘하기 때문이다. 그러므로 주로 널리 알려진 이야기에서 속담이 생겨난다.

조선 벼슬을 담아낸 속담이 있다는 건, 곧 조선 시대 누구나 벼슬을 둘러싼 이야기를 알 만하다고 여겼다는 뜻이다. 오늘날로 비유하면 마치 공무원의 조직도나 승진 규정으로 온라인 공간에서 유행하는 밈meme을 만드는 일과 같다. 물론 내가 아는 한 이처럼 지루해 보이는 밈은 결코 만들어진 적이 없다. 하지만 조선에는 있었다. 그만큼 조선 사람들에게 벼슬은 일상과 뗄 수 없는 이야깃거리였다. 조선 사람들은 벼슬 이름이 들어간 속담을 썼을 뿐만 아니라, 벼슬길을 구현한 보드 게임을 만들어 놓았으며, 프로스포츠처럼 역대 벼슬아치 명단을 앞에 두고 '명예의 전당'을 상상했다.

이처럼 속담이 만들어지는 데는 그럴 만한 까닭이 있다. 하지만 한 번 만들어진 속담은 속담이 생겨난 자세한 까닭을 모르더라도 쓰는 데 전혀 지장이 없다. 최근 신조어로 등장한 "신박하다"가 가까운 예다. "신박하다"는 온라인 게임 〈월드 오브 워크래프트〉(2004~) 플레이어들이 쓰던 밈에서 만들어졌는데, 지금은 공중파 프로그램에서 심심찮게 사용하는 새로운 표현으로 완전히 자리 잡았다. 하지만 이 게임을 한창 즐겼던 세대가 아니면 이 표현이 어떤 맥락에서 시작되었고 점차 어떻게 변화했는지, 그 구구절절한 사연을 자세히 알고 쓰는 경우는 많지 않다. 이미 "신박하다"가 처음 만들어질 때 있었던 부정적인 어감은 사라진 지 오래다. 그래서 이 게임을 모르는 한 연구자가 "신박하다"의 어원을 전혀 다른 맥락에서 설득력 있게 분석하는 일이 벌어지기도 했다.

속담이 주는 효율과 재미는 속담을 수없이 반복하여 사용할 수 있도록, 빠른 속도로 퍼질 수 있도록 해준다. 그런데 속담의 효율과 재미가 커질수록 속담이 생겨난 맥락은 "신박하다"가 그랬던 것처럼 점차 희미해진다. 속담을 쓸 때마다 일일이 설명하면 좋기야 하겠지만, 그러다가는 속담을 사용할 수 있는 적절한 시점을 놓치기에 그렇다. 속담의 힘 덕분에 조선 벼슬은 몇백 년이 지난 지금도 여전히 우리말 안에서 살아남을 수 있었다. 그 대신 속담이 생겨나고 전파되었던 맥락은 거의 잊히고 있다.

이 책은 이처럼 희미해진 속담의 시작을 파헤쳐 끄집어낸다. 많은 조선 벼슬 가운데 왜 하필 그 벼슬이 속담으로 남을 수 있었는지, 어떤 과정을 거쳐서 속담으로 남았는지를 추적한다. 한 벼슬이 속담까지 이르는 데는 그 벼슬을 바라보는 사람들의 인식, 벼슬에 있는 벼슬아치의 태도, 벼슬의 위치와 업무 내용, 벼슬을 주는 기준과 절차 등이 두루 영향을 끼쳤다. 그래서 조선 벼슬로 만들어진 속담이 어떻게 시작됐는지 추적하면, 조선 사람들이 벼슬아치에게 무엇을 기대했는지, 어떤 벼슬을 좋은 자리라고 생각했는지, 어떤 벼슬아치와 부대끼며 살았는지, 벼슬살이에 대해 얼마나 이해도가 높았는지 등을 알 수 있다. 결국 속담의 시작을 추적하는 데 성공하면 우리말에서 조선 벼슬이라는 문화유산을 만날 수 있다.

우리말에 깃든 덕분에 조선 벼슬은 우리 입으로 언제든 꺼낼 수 있는 무형無形의 유산이 되었다. 조선 시대 문화유산이 일상과 이토록 가깝게 남아 있는 경우는 많지 않다. 그리고 이토록 가까이 있는데 그 존재와 가치가 잘 설명되지 않는 경우도 많지 않다. 이 책에서 조선 벼슬의 역사적 가치를 세세하게 밝히려고 하는 건 아니다. 이 책은 조선 벼슬을 담은 속담을 모아 분석함으로써 우리와 가까운 조선 벼슬의 존재를 드러내려고 한다. 먼저 우리에게 무엇이 남아 있는지 알아야 그것의 가치도 궁금하지 않을까? 이 책으로 독자 여러분이 우리 곁에, 그것도 굉장히 가까운 곳에 남아 있는 조선 시대 문화유산의 모습을 새삼 느낄 수 있기를 바란다.

이 책은 다섯 장과 열네 절로 구성했다. 절마다 속담 하나를 다루었다. 속담 열네 개 가운데 조선 시대부터 전해진 속담은 열한

우리말에 깃든 조선 벼슬 ──●

개이고, 나머지 세 개는 그렇다고 알려진 '속담'이다. 속담은《속담사전》(이기문 엮음, 1980, 개정판)에서 오늘날 각종 매체에서 자주 사용하는 속담을 추려낸 다음, 웹에서 서비스하고 있는 국립국어원의《표준국어대사전》을 포함한 여러 사전을 교차 검토해서 선택했다. 각 속담의 시작을 추적할 때는 학계의 관련 연구 성과를 최대한 활용했다. 그럼에도 오류가 있을 것이다. 이 책에서 발견되는 오류는 모두 내 잘못이다.

오독과 오해를 불러일으키지 않는 선에서 딱딱하게 느껴질 수 있는 한자어는 최대한 배제하고 우리말로 바꾸어 쓰려고 했다. 예컨대 조선 시대 사료의 '관직官職'과 '관원官員'은 우리말 '벼슬'과 '벼슬아치'로 바꾸어 썼다. 그럼에도 여전히 '먹물'의 느낌은 남아 있는 듯하다. 독자 여러분의 양해를 부탁드린다.

이제 조선 벼슬을 담아낸 속담을 하나씩 살펴보자. 어떻게 조선 벼슬은 오늘날까지 우리말에 오르내리고 있을까?

2025년 1월
이지훈

차
례


◑ 머리말 _ **벼슬에서 속담으로**  005


## 01  오해가 끌어낸 벼슬

주사와 주서 _ 개고기주사  013
대간 _ 고약하다 고약해  026
한성부 _ 서울 무섭다니까 남태령부터 긴다  040


## 02  마땅히 해야 할 역할에 대한 기대

임금 _ 가난은 나라님도 못 구한다  054
벼슬아치 _ 계란유골  064
양반 _ 양반은 얼어 죽어도 겻불은 안 쬔다  082


## 03  좋은 벼슬을 향한 욕망과 통찰

정승 _ 개처럼 벌어서 정승같이 쓴다  094
평양감사 _ 평양감사도 저 싫으면 그만이다  107

## 04 백성과 맞닿은 벼슬

수령_원님 덕에 나팔이라  120
포도청_목구멍이 포도청  131
차사원_함흥차사  141


## 05 모두에게 익숙한 벼슬길

당상관_따놓은 당상  156
상피_말도 사촌까지 상피를 본다  170
공사_조선공사삼일  184


◗ 꼬리말_조선 벼슬이 남길 것들  192
참고문헌  195
찾아보기  202

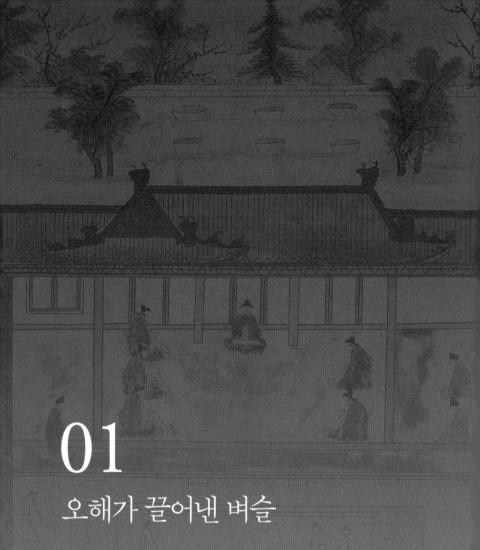

# 01

## 오해가 끌어낸 벼슬

이 장에서 다룰 벼슬은 정확히 말하면 조선 시대부터 속담으로 남은 벼슬은 아니다. 오늘날 오해들이 뭉쳐 우리말에 깃든 벼슬이다. 개고기주사는 조선 벼슬과 얽힌 이야기에서 유래한 말로 알려졌지만, 사실이 아니다. "고약하다"라는 말은 고약해라는 벼슬아치 이름에서 나왔다고 알려졌지만, 이 역시 사실이 아니다. 또한 2004년 헌법재판소는 《경국대전經國大典》(1485)의 벼슬 기재 방식을 근거로, 조선 시대부터 서울만을 수도로 인식했다고 판단했다. 하지만 이와 반대로 해석할 수 있는 근거도 있다. 여기에는 단순한 실수에서 시작된 오해와 의도가 있는 왜곡이 뒤엉켜 있다. 멀리 조선 시대까지 내려가기 전에, 먼저 최근 들어 갑자기 우리말에 깃든 조선 벼슬부터 살펴보자.

# ||| 1 |||
## 주사와 주서:
### 개고기주사

'개고기주사'가 무엇을 가리키는 말일까. 어감이 썩 좋지 않고 언뜻 들어서 뜻을 헤아릴 수 없는 낱말이다. 〈개고기주사〉는 가수 겸 작곡가 김해송(1911~?)이 1938년 발표한 노래 제목이다. 김해송은 왕성한 작품활동으로 한국 대중가요 역사에 한 자리를 차지하고 있지만 동시에 《친일인명사전》(2009)에도 이름이 올라 있는 인물이다. 어디선가 지나가면서 한 번쯤은 들어보았을 〈목포의 눈물〉, 〈오빠는 풍각쟁이〉와 같은 노래가 김해송의 작품이다. 〈개고기주사〉는 김해송이 살았던 시대가 느껴지는 특유의 리듬과 가사 때문에 영화 〈전우치〉(2009)에 나오기도 하는 등 여러 매체에 등장했다.

# 개고기 '주사'는 개고기 '주서'에서?

때때로 이 '개고기주사'가 《중종대왕실록中宗大王實録》(이하 《중종실록》)에 실린 이야기에서 유래한 말이라는 설명을 접할 수 있다. 바로 다음 이야기다.

조선 중종 대(재위 1506~1544) 이팽수李彭壽(1500~?)라는 사람이 있었다. 이팽수는 1531년(중종 26) 32세의 나이로 문과에 급제했다. 그의 아버지는 이완원李完元(?~?)이었는데, 김안로金安老(1481~1537)와 고향이 같았다. 김안로는 자기 아들이 공주와 혼인하여 중종과 사돈 관계였던 인물로, 당시 권세가 대단했던 권신權臣이었다. 중종 대를 배경으로 하는 사극에 빼놓지 않고 항상 등장하는 유명한 사람이었다. 이팽수가 과거시험에 합격했을 때, 바로 이 김안로가 벼슬아치의 인사人事를 담당하는 이조 판서 자리에 있었다.

김안로는 이완원과 어울리면서 아들 이팽수를 이미 합격 전부터 알고 있었고 그를 자기 아들처럼 여겼다. 아버지 덕분에 김안로와 가까이 지냈던 이팽수는 김안로가 평소 개고기를 즐겨 먹는다는 사실을 알고 있었다. 그래서 김안로가 좋아하는 질 좋은 개고기를 고르고 골라 열심히 선물했다. 결국 이팽수는 김안로의 추천으로 1534년(중종 29) 정7품 승정원承政院 주서注書 관직을 얻었다. 이 일을 두고 사람들은 이팽수가 김안로에게 뇌물을 쓴 결과라고 여겼다. 그래서 이팽수를 가장주서家獐注書, 즉 '집에서 키우는 노루로 주서가 된 사람'이라고 놀렸다. '집에서 키우는 노루[家獐]'는 개고기를 가리켰다.

　김안로에게 뇌물을 준 사람과 주려 했던 사람이 이팽수 한 명뿐이었을까. 그럼에도 이팽수의 사례가 《실록》에 실릴 정도로 유명해진 까닭은 이팽수가 차지한 벼슬 때문일 가능성이 있다. 승정원 주서는 정7품으로 높은 벼슬은 아니었지만 그렇다고 아무나 갈 수 있는 자리도 아니었기 때문이다. 오히려 문과 급제자라면 누구나 가고 싶어 하는 자리에 가까웠다. 《중종실록》에서는 이 자리를 청반淸班, 청현직淸顯職, 즉 깨끗하고 높은 자리라고 높여 표현했다.

　승정원은 임금의 명령과 그 명령을 수행한 결과 보고를 아울러 관리하는 관청이었다. 덕분에 승정원 소속 벼슬아치는 다른 관청에 있는 벼슬아치보다 나라가 돌아가는 상황을 잘 파악할 수 있었고 상대적으로 임금을 접할 기회도 많았다. 주서는 승정원에서 승정원의 업무를 기록으로 남기는 역할을 맡았다. 이렇게 생산된 기록 가운데 대표적으로 《승정원일기》가 있다. 따라서 주서는 기본적으로 글짓기 능력이 있는 문과 급제자, 그 가운데서도 재능이 뛰어나고 도덕성이 검증된 사람으로 두루 추천받아야 갈 수 있는 자리였다. 어떤 벼슬아치가 주서가 되었다면 그가 문과 급제자 선·후배 사이에서 널리 인정받았음을 뜻했다. 이런 자리이다 보니 주서를 거치면 다음 벼슬도 좋은 자리에 갈 확률이 높았다.

　당시 이팽수는 문과에 급제한 지 이제 막 3년밖에 지나지 않은 때였다. 조선 시대 문과에 급제한 사람들의 평균 나이가 30대

[그림 1] 《은대계첩銀臺禊帖》

승정원은 임금의 명령과 그 명령을 수행한 결과 보고를 아울러 관리하는 관청으로,
승정원 소속 관원은 다른 벼슬아치보다 나라 돌아가는 사정을 잘 파악할 수 있었다.
그림은 은대(승정원의 별칭) 관리들이 계모임을 하는 모습을 묘사한 것으로, 1632년 승정원의
여섯 승지가 한 자리에 모인 기념으로 만든 책《은대계첩》에 수록되어 있다.

* 소장처: 국립중앙박물관

중반이었으니 32세의 이팽수가 늦게 급제한 편은 아니었지만 그렇다고 아주 이른 편도 아니었다. 문과에 급제할 때 성적도 전체 합격 인원 33명 가운데 23등으로 동기들 가운데 아주 빼어나다고 하기 어려웠다. 문과 급제자들 사이에서 두각을 드러낼 만큼 재능이 출중한 인물은 아니었다는 말이다. 아마 자신보다 먼저 문과에 급제한 선배도 많았을 것이다. 그런 그가 승정원 주서가 되었는데 마침 이조 판서 김안로와 친분이 있었고 선물을 주는 관계다? 모두가 의심할 수밖에 없는 상황이었다.

어떤 이는 의심을 확신으로 바꿔 이팽수를 '개고기주서'라고 뒤에서 조롱했다. 또 다른 이는 선배 이팽수를 '벤치마킹'하여 김안로에게 개고기를 바치고 자신도 좋은 자리를 얻어 보려고 했다. 바로 진복창陳復昌(?~1563)이었다. 다만 진복창이 마련한 개고기가 이팽수가 구해온 개고기보다 맛이 별로였던지 이팽수만큼 좋은 벼슬을 받지는 못했다. 이렇게 김안로의 권세가 영원할 것처럼 열심히 뇌물을 썼던 두 사람은 결국 훗날 김안로가 권력을 잃을 때 함께 쫓겨났다.


## 발음 하나에 두 가지 뜻


그런데 이상하다. 주사와 주서는 발음은 비슷하지만 분명히 다르다. 한글로 쓰면 'ㅏ'와 'ㅓ', 획 하나 차이이지만 한자로 보면 주사事와 주서注書, 발음이 비슷하다고 뭉개고 갈 차이가 아니다. 이팽수의 이야기가 실려 있는 기록이 1534년(중종 29)이므로, 김해 송의 노래와 약 400년 차이가 있으니 그사이 주사와 주서가 섞이기라도 한 것일까. 〈개고기주사〉 노랫말을 살펴보자.

다 떨어진 중절모자 빵꾸난 당꼬바지
꽁초를 먹더래도 내 멋이야
댁더러 밥 달랬소 아 댁더러 옷 달랬소
쓰디쓴 막걸리나마 권하여 보았건디
이래 봬도 종로에서는 개고기주사 나 몰라
개고기주사를 뭐야 이건

아 여름에 동복 입고 겨울에 하복 입고
옆으로 걸어가도 내 멋이야
댁더러 밥 달랬소 댁더러 옷 달랬소
쓰디쓴 막걸리나마 권하여 보았건디
이래 봬도 종로에서는 개고기주사 나 몰라
개고기주사를 뭐야 이건 에잉 쳇

아 안경을 팔에 쓰고 아 냉수에 초쳐 먹고
아 해뜨면 우산 써도 아 내 멋이야
아 댁더러 밥 달랬소 아 댁더러 옷 달랬소

우리말에 깃든 조선 벼슬 ──●

쓰디쓴 막걸리나마 권하여 보았건디

이래 봬도 종로에서는 개고기주사 나 몰라

개고기주사를 뭐야 이건 에헴

이 노래를 부르는 주인공은 자신을 개고기주사라고 말한다. 하지만 노랫말 속 개고기주사는 이팽수처럼 자기 이익을 위해 권세가에게 뇌물을 바치고 아첨하는 인물은 아니다. 어딘가 꽉 막히고 남의 시선을 전혀 신경 쓰지 않으며 종로를 이리저리 누비는 인물이다. 해가 떠도 우산을 쓰고 그것을 보고 남이 참견하면 쏘아붙이는 인물이다. 《중종실록》에 기록된 이팽수의 모습과 꽤 다르다. 정말 개고기주사는 이팽수일까?

《표준국어대사전》에서 개고기를 찾으면, 오늘날 우리가 느끼기에 그야말로 '뜻밖의' 뜻이 있다. 개고기는 명사로서 첫 번째 뜻은 우리가 알고 있는 "개의 고기"이다. 그리고 두 번째 뜻은 "성질이 고약하고 막된 사람을 속되게 이르는 말"이다.

김해송이 이 노래를 발표한 1938년에서 1년이 지난 1939년 8월 10일 자 《조선일보》에 연재된 소설 가운데 사전에서 두 번째 뜻으로 설명한 개고기의 용례를 찾아볼 수 있다. 만담 작가이자 소설가 신정언(1902~?)의 〈연속괴담連續怪談 설상포의미인雪上布衣美人〉 제2편에 다음과 같은 말이 나온다.

"너 배ㅅ사람 험한 것만 내세웠지 내가 어떤 개고긴지 알기나 아니?"

나는 개고기라는데 "악센트"를 주어 한 번 위압감이엇다.

여기는 주서도, 주사도 없고 개고기만 나타나며, 〈개고기주사〉 노랫말처럼 등장인물이 자신을 개고기라 일컫고 있다. 《우리말 우리 문화》(2014)에 따르면, '개골' 혹은 '개고기'는 성질이 못된 사람을 가리키는 옛날 서울 사투리였다. 오늘날 거의 쓰지 않는 말이지만, 노랫말과 연재소설에도 쓰인 것을 보면 적어도 1930년대 후반에 이 말을 못 알아듣는 사람은 없었던 모양이다.

이제 김해송의 노랫말에 나오는 개고기주사에서 개고기가 무엇을 뜻하는지 알 수 있다. 〈개고기주사〉는 '개고기주서'로 불린 이팽수 또는 그를 비유한 가상의 인물이 아니라, 그저 성질이 못된 주사가 종로를 걷는 모습을 우스꽝스럽게 묘사한 노래였다. 개고기가 서울 사투리임을 생각하면 노래 배경이 서울 종로인 것도 자연스럽게 연결하여 이해할 수 있다.

남은 문제는 주사이다. 개고기주사에서 주사는 두 가지로 해석이 가능하다. 하나는 한 남자를 높여 부를 때 성 뒤에 붙이는 말이다. 예를 들어, 김씨면 김 주사, 이씨면 이 주사 하는 식이다. 오늘날 많이 쓰지 않는 호칭이지만 일제강점기만 해도 자주 쓰는 호칭이었다. 다른 하나는 일제강점기에 있었던 조선총독부 소속 벼슬아치, 주사다. 노랫말을 보면 후자보다 전자일 가능성이 크다. 노랫말에 이 사람이 벼슬아치라는 묘사가 전혀 없기 때문이다. 결국 개고기주사는 '성질이 못된 남자'라고 풀이할 수 있겠다.

한 가지 마음에 걸리는 건, 애초에 남자를 높여 부를 때 왜 주사라는 말을 사용했는지 정확하게 알기 어렵다는 점이다. 공교롭게도 조선 버슬 가운데에도 주사와 똑같은 한자를 쓰는 버슬이 있었다. 먼저 조선 초기부터 지방에 설치된 토관직土官職 주사가 있었다. 다음으로 1880년(고종 17) 통리기무아문統理機務衙門에 설치된 주사가 있었다. 당시 통리기무아문은 최상위 관청이었다. 이 통리기무아문을 처음 설치할 때 관청의 실무를 도맡는 이른바 낭청郎廳 벼슬의 이름을 주사와 부주사副主事로 정했다. 일본 관료제를 참고하여 만든 벼슬이었다. 이때 주사는 1897년 대한제국 선포 이후 의정부, 내각內閣 등의 주사로 이어졌다.

이 가운데 토관직 주사는 지위도 낮고 일부 지역에만 있던 벼슬이라 존칭으로 쓰기에 적합하지 않았다. 토관직 주사와 달리 갑오개혁 이후 배치한 주사는 중앙 관청의 실무를 맡는다는 점에서 토관직 주사보다 지위는 높았으나 각 관청의 말단 벼슬이었다. 반면 통리기무아문의 주사는 달랐다. 이들은 관청 업무를 위한 필수 인원이었을 뿐만 아니라, 외국 문물을 조사하는 막중한 임무를 위해 외국에 파견될 정도로 '엘리트' 벼슬아치였다.

일제강점기 서울 앨버트 테일러 가옥(딜쿠샤)에 살았던 메리 린리 테일러Mary Linley Taylor(1889~1982)의 자서전 《호박 목걸이》 (2014)에 따르면, 그녀와 교류했던 '김 주사'라는 사람이 나온다. 서울역사박물관 웹에 게시한 소장유물 설명과 《딜쿠샤 서울 앨버

[그림 2]
딜쿠샤와 앨버트·메리 테일러 부부
그리고 김 주사.
일제강점기 조선에서 활동하던
미국의 기업인이자 언론인
앨버트 테일러Albert Wilder Taylor(1875~
1948)와 그의 부인 메리 테일러는
김 주사라는 조선인과 교류했다.
＊소장처: 서울역사박물관

트 테일러 가옥》(2023)에 따르면, 그의 본명은 김상언金商彦(?~?)이었다. 대한제국이 발행한 관보官報를 보면, 김상언은 의정부 주사, 내각 주사 등의 벼슬을 거쳤다는 사실을 알 수 있다. 즉 '김 주사'는 조선과 대한제국에서 주사 벼슬을 한 적이 있는 사람이었다. '김 주사'에서 주사는 처음부터 아무 남자나 가리키는 말이 아니라, 정말 주사 벼슬을 했던 사람을 가리키는 말이었던 셈이다. 조선에서 주사 벼슬을 했던 사람들을 존중하는 뜻에서 그 벼슬이 없어진 일제강점기에도 그대로 주사라고 부르다가, 결국 남성을 높여 부르는 존칭으로 굳어진 것 아닐까.

다만 애초에 '김 주사'와 김상언을 연결할 수 있는 근거가 무엇이었는지 찾아보기 어렵다. 사료 조사를 거쳐 '김 주사'의 본명이 밝혀졌다는 내용을 발견할 수 있을 뿐이다. 메리 테일러의 기록에 따르면, '김 주사'는 영어에 유창했고, 보빙사報聘使를 수행하여 외국에 나간 적이 있었고, 벼슬에서 물러난 뒤에도 관복官服과 태극기를 보관하고 있었다. 김상언이 아닌 다른 사람도 이렇게 묘사될 수 있었다. 역관譯官과 대한제국 통신원通信院 가운데서도 영어 능력을 갖춘 주사가 있었기 때문이다. 그리고 '김 주사'가 김상언이 맞다고 해도 조선 말부터 대한제국에 이르는 그의 경력 가운데 정확히 어떤 벼슬이 그 사람을 '주사'로 부르게 했는지까지는 당장 알 수 없다.

여기도 많은 이야기가 숨겨져 있겠지만 이 책의 관심에서 벗어난다. 오늘날은 비슷한 상황에서 '아저씨', '선생님'을 쓰지 주사는 거의 쓰지 않기 때문이다. 무엇보다 설령 그 이야기가 모두 밝혀지더라도 개고기주사를 '성질이 못된 남자'라고 풀이한 이 책의 설명이 크게 달라지진 않을 것이기 때문이다. 어쩌면 〈개고기주사〉는 이미 시대가 변했는데도 조선 혹은 대한제국에서 주사했던 시절에 머무르려는 고집 센 전직前職 주사의 모습을 구체적으로 묘사한 노래일지도 모른다. 만약 그렇다면 '성질이 못된 남자'가 왜 그렇게 '못돼 보였는지' 조금 더 자세하게 이해할 수 있겠다.

한편 오늘날 우리나라 공무원 직급에도 주사가 있다. 주사는 5급 사무관과 7급 주사보 사이에 있는 6급 직급의 이름이다. 몇몇 기관은 주사 이하 직급을 주무관主務官으로 바꾸어 부르기도 한다. 주사라는 이름이 식민지 잔재라는 지적이 있었기 때문이다. 주사라는 이름이 식민지 이전부터 있었으므로 꼭 식민지 잔재라고만 볼 수 없지만, 그 이름이 식민지 관료를 떠올리게 한다는 점에서 아예 틀린 지적은 아니다.

다시 돌아오자. 개고기주사와 개고기주서는 서로 아무 관계가 없었다. 개고기주사는 '성질이 못된 남자'였고, 개고기주서는 '개고기를 뇌물로 써서 주서 벼슬을 얻은 사람'이었다. 개고기에 있는 두 가지 뜻 그리고 주사와 주서가 모두 벼슬 이름으로 쓰인다는 우연 때문에 둘은 명백하게 연결된 것처럼 보였지만 그렇지 않았다. 시시각각 변화하는 언어의 특성을 고려하더라도, 개고기주사에 대한 오해는 얼마나 쉽게 오해가 생기고 또 얼마나 빠르게 퍼질 수 있는지 보여주는 좋은 예이다. 물론 개고기주사를 개고기주서에서 비롯되었다고 이야기해온 사람들이 고의로 왜곡했다고 보기는 어렵다. 그저 사소한 실수에 가깝다. 다만 이 이야기가 퍼지는 데 일조한 연구자가 있다면, 그의 실수는 사소하다고 하기 어려울 것이다.

# ||| 2 |||
# 대간:
## 고약하다 고약해

2010년대 언젠가부터 갑자기 "고약하다"는 말이 조선 세종 대 (1418~1450) 인물 고약해高若海(1377~1443)의 이름에서 시작되었다는 주장이 떠돌기 시작했다. 이 주장은 역사 속 재미있는 이야기를 풀어내는 TV 프로그램에 소개되면서 크게 유명해졌다. 얼핏 보면 말장난 같기도 하지만 글자와 발음만 보면 꽤 그럴듯하게 느껴지기도 한다. 심지어 이 주장은《세종장헌대왕실록世宗莊憲大王實錄》(이하《세종실록》)의 내용을 근거로 들고 있다.

# 고약해가 고약해서 고약해?

고약해는 1413년(태종 13)에 발탁된 인물로, 태종 때 정6품 형조刑曹 정랑正郞까지 올랐다가 태종의 넷째 아들 성녕대군誠寧大君(1405~1418)이 연관된 소송을 잘못 처리하여 파직되었다. 세종이 즉위한 뒤 용서를 받고 다시 벼슬살이를 이어가 종2품 호조 참판까지 올랐다. 고약해는 이처럼 높은 벼슬까지 오르는 과정에서 세종과 의견이 달라 여러 차례 충돌했는데, 관련 내용이 《세종실록》에 기재되어 있다. 1440년(세종 22) 세종은 고약해가 사사로운 이익에 따라 나랏일을 논의하려 했고 그 과정에서 임금의 말을 끊기까지 하는 등 무례를 범했다면서 벼슬에서 쫓아냈다.

　"고약하다"가 고약해에서 나왔다고 주장하는 사람들은, 이처럼 고약해가 세종과 다른 의견을 피력하며 충돌하는 상황을 제시한다. 당시 사람들이 이러한 고약해의 모습을 보고, 자기 생각을 괴팍하고 지독하게 고집하는 사람을 "고약해와 같다"는 식으로 이야기했다는 것이다. 그리고 이것이 훗날 "고약하다"의 어원이 되었다는 설명이다. 그럴듯하고 주장을 뒷받침하는 근거도 제시된 것 같지만, 이 주장을 그대로 믿기에는 의심스러운 구석이 많다.

　먼저 "고약하다"의 어원을 고약해로 설명하고 있는 신문 기사, TV 프로그램, 책들을 살펴보면, 직접적인 근거를 제시한 곳이 단한 군데도 없다. 그러니까 "고약하다"는 말이 고약해 이름에서 나왔다고 설명한 조선 시대 사료를 어디서도 찾아볼 수 없다. 그저 앞에서 살핀 것처럼 《세종실록》에 고약해와 세종의 의견이 충돌하는 장면만 묘사될 뿐이다.

속담의 특성상 정황 근거로 충분하지 않을까 생각할 수도 있겠지만, 이 경우는 직접적인 근거가 없으면 이상하다. 만약 저 주장대로 "고약하다"라는 말이 고약해에서 시작되었다면, 직접적인 근거가 반드시 있을 수밖에 없기 때문이다. "고약하다"는 반대 의견을 제시하는 신하도 포용할 줄 아는 임금 세종의 훌륭한 모습과 소신 있는 신하 고약해의 모습을 동시에 보여줄 수 있는 대단히 상징적인 말이다. 그래서 세종과 고약해를 평가하는 기록을 남길 때 이런저런 이야기를 길게 늘어놓는 것보다 "고약하다"라는 말이 어떻게 나왔는지만 기록하면 단번에 그 대단함을 알릴 수 있었을 것이다. "고약하다"를 둘러싼 이야기가 고약해만 칭찬하는 이야기였다면 기록에 남지 않을 수 있었다. 하지만 임금의 훌륭함이 효과적으로 드러나는 이야기를 《실록》 편찬자들이 놓쳤을 가능성은 굉장히 낮다.

다음으로 고약해가 "고약하다"의 어원이라는 주장이 2010년대부터 집중적으로 나타난다는 점이 아무래도 수상하다. "고약하다"가 고약해에서 나온 말이라면, 세종 대 이후 조선 시대 내내 그 흔적이 전혀 나타나지 않다가 21세기에 갑자기 나타난 까닭을 설명하기 어렵다. 현재 1800년대 후반부터 2000년까지 구축된 여러 신문의 데이터베이스에서도 고약해에 대한 기록은 찾을 수 없다. 게다가 고약해보다 후대에 살았던 사람 가운데 선약해宣若

海(1579~1643)라는 사람도 있었다. 만약 고약해의 이름이 그렇게 유명했다면, 자기 자식 이름을 한자까지 똑같이 짓는 것은 피하지 않았을까? 물론 조선 시대에 장수를 바라며 어린아이의 이름을 짓궂게 짓는 사례도 있었지만, 선약해는 이미 장성한 성인의 이름이었다.

따라서 고약해가 소신을 내세우고 꼿꼿한 태도로 고약했기 때문에 "고약하다"는 말이 생겼다는 일련의 이야기는 믿기 어렵다. 그렇다면 왜 이런 이야기가 나왔을까? 이 이야기의 아래에는 두 가지 생각이 깔려 있다고 본다.


## 날이 선 언론과 강직한 검찰

하나는 조선 시대 대간의 이미지다. 대간은 사헌부司憲府와 사간원司諫院의 벼슬아치를 아울러 가리키는 말이었다. 대간은 임금과 고위 관원들이 함부로 권력을 휘두르지 못하도록 견제하는 역할을 맡았다. 사헌부는 벼슬아치의 비위를 감찰하는 업무를 주로 수행했으므로 흔히 오늘날 검찰청에 비유되곤 한다. 사간원은 임금의 잘못된 국정 운영을 비판하는 역할을 했으므로 흔히 오늘날 언론에 비유되곤 한다.

물론 민주공화국의 행정부 기관 가운데 하나인 검찰과 기업으로 운영되는 언론이 왕조 국가의 관청들과 일대일로 대응한다고

[그림 3] 〈총마계회도驄馬契會圖〉(부분)
사헌부는 조선 시대 감찰 업무를 담당한 행정기관으로, 벼슬아치의 비위를 감찰하는
업무를 주로 수행했다. 그림은 사헌부 감찰들의 모임을 그린 것으로,
1591년 8월 박지수朴枝樹(?~?)가 사헌부 감찰에 제수되어 소유하게 되었다.
* 소장처: 국립나주박물관

[그림 4] 〈미원계회도薇垣契會圖〉(부분)
사간원은 임금의 잘잘못을 간쟁한 행정기관으로, 임금의 잘못된
국정 운영을 비판하는 역할을 수행했다. 그림은 사간원 관리들의 친목모임을 그린 것으로,
1540년 열린 이 계모임에는 이황李滉(1501~1570), 류인숙柳仁淑(1485~1545),
이명규李名珪(1497~1560), 나세찬羅世纘(1498~1551), 이영현李英賢(1507~1572) 등이
참석했고 성세창成世昌(1481~1548)의 시문이 적혀 있다.
* 소장처: 국립중앙박물관

보기는 어렵다. 나라의 주권主權을 가진 사람이 다르므로 그 목적, 지위, 기능 등도 다를 수밖에 없다. 하지만 대간의 역할과 기능을 쉽게 설명하기 위한 비유가 아니더라도, 오늘날 대간을 검찰과 언론으로 묶어서 설명하는 경우가 많다. 아마도 군사정권과 독재를 경험한 우리나라 사람들에게 '권력자를 두려워하지 않고 바른말하는 역할'은 반드시 존재해야 한다는 공감대가 있기 때문인 듯하다.

대간의 이미지는 고약해에게 그대로 덧씌워졌다. 권력자, 곧 임금에게 바른말을 많이 해서 고약해가 고약하다가 되었다는 이야기다. 고약해는 권력자에게 바른말하는 역할을 잘 해냈을까? 그래서 새로운 어휘까지 만들 정도로 특출난 행보를 보여주었을까?

태종에게 쫓겨났던 고약해가 다시 등장하는 시점은 1423년(세종 5)이었다. 이때 고약해는 강원도 관찰사를 보좌하는 경력經歷 벼슬에 있었는데, 강원도에서 굶어 죽는 사람들을 제대로 돕지 못한 죄로 파직되었다. 1424년(세종 6) 고약해는 사헌부 장령掌令으로 처음 대간이 되었다. 하지만 이때도 이전과 비슷한 이유로 또 파직되었다. 1425년(세종 7) 고약해는 사간원 지사知事로 복귀하여 다시 대간이 되었다. 이렇게 고약해가 파직을 거듭하면서도 다른 관직으로 복귀할 수 있었던 까닭은, 파직에 이른 잘못들이 자기 이익을 챙기기 위한 잘못이 아니라 업무 수행 과정에서 발생한 잘못, 이른바 공죄公罪였기 때문이다.

사간원에 있을 때 고약해는 격구에 대해 문제를 제기했다. 격구는 말을 타고 공을 치는 운동이다. 고약해를 비롯한 사간원 관원들은 격구가 고려 말기에 성행한 한낱 유희에 지나지 않는다고 보고 당장 없애야 한다고 주장했다. 세종은 격구가 군사 훈련의 목적도 있으니 없앨 수 없으며, 격구 때문에 고려가 망한 것처럼 말하는 것은 지나치다고 맞받아쳤다. 이때 세종은 사간원이 격구에 대해 지나친 말[극언極言]을 할 필요가 없다고까지 말했는데, 아마도 고약해가 세종에게 반대 의견을 말한 첫 사례로 보인다. 그러나 이것만으로 고약해가 남들과 다르게 자신의 소신을 강하게 펼쳤다고 보기에는 무리가 있다. 고약해는 그저 사간원 벼슬아치로서 자기 업무에 충실했다고 할 수 있다.

이 기사 뒤에도 고약해는 대간으로서 활동하였지만 그 활동은 다른 대간들과 특별히 다르지 않았다. 세종은 고약해의 말 가운데 받아들일 것은 받아들이고 그렇지 않은 것은 받아들이지 않았다. 1426년(세종 8) 고약해는 세종이 직접 내린 인사 명령을 제대로 인지하지 못하고 인사 담당 실무자를 탄핵한 일로 사간원에서 교체되었다.

고약해는 나라의 의례를 담당하는 통례원을 거쳐, 1427년(세종 9) 당상관인 예조 참의에 올랐다. 뒤이어 병조 참의를 거치면서 여러 현안을 세종과 논의했는데, 사간원 시절과 마찬가지로 특별한 점은 찾기 어렵다. 양녕대군讓寧大君(1394~1462)의 대우에 대해 제일 처음 문제를 제기한 적이 있으나, 이때 끈질기게 세종과 논의한 사람은 고약해가 아니라 김효정金孝貞(1383~?)과 김종서金宗瑞

(1383~1453)였다. 고약해는 오히려 이 논의가 길어지자 자기 주장을 굽히기도 했다.

고약해는 호조 참의를 거쳤다가 충청도 관찰사로 나갔고, 곧 이조 참의가 되었다. 그런데 이때도 충청도 관찰사일 때 형벌을 마음대로 늘리고 줄였다는 이유로 파직되었다. 이쯤 되면 습관에 가까운 행동이었다. 나중에 고약해가 강원도 관찰사로 있을 때도 그의 살인사건 조사가 철저하지 않았다는 다른 벼슬아치의 보고가 있을 정도였다. 고약해는 형조 관련 업무 경력을 많이 쌓기는 했지만 일을 썩 잘하는 편은 아니었던 것 같다.

세종은 고약해가 실수가 많지만 그래도 사사로운 이익을 챙기는 사람은 아니라고 판단했는지 계속 불러다 중요한 일을 시켰다. 하지만 1434년(세종 16) 사헌부 대사헌일 때 사헌부 벼슬아치끼리 의견이 맞지 않아 서로 탄핵한 사건으로 이러한 평가는 뒤바뀌게 되었다. 세종은 자신의 의견을 고집하면서 같은 소속 벼슬아치끼리 서로 탄핵하게 만든 고약해를 두고, "평소 바른 사람인 줄 알았는데 지금 일을 보니 그 마음이 간흉奸譎하다"고 말했다. 이 일로 고약해는 사헌부 대사헌에서 교체되어 황주 목사로 내려갔다. 고약해는 대사헌은 물론, 도내 수령들을 관할하는 관찰사도 지낸 적이 있었으니 지방 수령으로 보낸 조치는 사실상 좌천이었다.

고약해는 수령을 맡은 지 5년이 지난 1439년(세종 21)에 인수부仁壽府 윤尹으로 중앙에 복귀했다. 이후 그는 이른바 '수령육기법

守令六期法', 곧 수령의 임기를 6년으로 하는 법의 극렬한 반대론자가 되었다. 1440년(세종 22) 고약해는 연거푸 이 법에 반대하다가 결국 세종에게 무례하게 말한 죄로 처벌받고 다시 주요 벼슬에서 멀어졌다. 고약해는 세종에게 말할 때 자신을 신臣이 아니라 소인小人으로 지칭하고 세종의 말을 중간에 끊는 등 불만을 노골적으로 드러냈다. 좌천에 대한 서운함도 컸던 듯하다.

세종은 고약해가 나간 뒤, 도승지 김돈金墩(1385~1440)과 따로 고약해에 대해 이야기를 나누었다. 세종은 이 뒷담화를 기록하지 말라고 했으나 지독한 사관이 기어이 기록하여 《실록》에 남았다. 세종은 고약해가 뜻은 크지만 행실은 그것에 미치지 못한다고 평가했다. 그리고 열두 번이나 수령을 지낸 자도 있는데, 고약해 자신은 겨우 한 번 수령을 했으면서 수령 발령을 꺼리고 관련 법까지 파기하려 한다고 말했다. 세종은 이미 고약해가 사적인 자리에서 수령 발령을 꺼리는 발언을 했다는 사실까지 알고 있었다. 이에 대해 김돈은 고약해가 관찰사일 때 기생을 수레에 싣고 다니면서 입으로는 기생을 혁파해야 한다고 주장했다는 말을 덧붙였다.

결국 고약해는 이 뒤로 주요 벼슬을 맡지 못하고 3년 뒤 1443년(세종 25) 67세의 나이로 죽었다. 지금까지 살펴본 고약해의 벼슬살이를 볼 때, 고약해는 업무 능력이 특출나지 않았고, 학문도 인정받지 못했으며, 자기 의견이 너무 강한 나머지 일을 그르치기도 한 사람이었다. 물론 자기 지위와 상관없이 자기 의견을 왕에게 어떻게든 그대로 전달하려고 했던 우직한 사람이기는 했다.

《실록》에 그의 생애를 정리한 사관史官의 평가도 이와 크게 다르지 않았다. 이처럼 고약해는 장단점이 분명한 사람이기는 했지만, 세종의 극찬을 받을 만큼, 그러니까 '고약하다'의 어원이 될 만큼 능력과 태도를 보여준 인물은 아니었다. 어째서 이 정도 인물이 세종 대를 대표하는 강직한 인물로 손꼽혔을까?

## 세종 띄우기와 깎아내리기 사이에서

결론부터 이야기하면, 고약해는 세종을 띄우기 위해 사용되는 소재 가운데 하나였다. 이러한 소재는 몇 가지가 있는데, 세종이 당시 노비에게 무려 출산휴가를 줬다든가, 애민愛民의 마음에서 한글 창제를 했다든가, 백성들의 형벌을 줄여주었다거나 하는 것들이다. 고약해의 이야기는 세종의 리더십, 즉 반대 의견이나 비판도 들어보고 적극적으로 소통하려는 리더의 모습을 보여주는 대표적인 사례로 쓰인다. 고약해 이야기는 사실 고약해의 진면목을 드러내기보다 세종의 탁월함을 밝히는 데 집중되어 있다. 고약해가 그야말로 고약할수록 그마저도 모두 포용하는 세종의 리더십은 더욱 빛나는 셈이다.

실제로 소수의 연구자들만 그럭저럭 알고 있었던 고약해라는 사람이 널리 알려지는 계기는 세종의 리더십 연구였다. 2010년대 이후로 신문 기사, 저서, 방송 등 여러 매체가 세종의 리더십을 강조하는 과정에서 고약해 이야기를 언급했다. 2012년 대통령 후보 가운데 한 사람은 세종의 리더십을 '스터디'하기도 했다.

고약해 이야기가 처음 확인되는 것은 2015년 어떤 강연 관련 기사였다. 이 이야기는 아무래도 정치·경영 분야 쪽에서 인기가 높았던 것으로 보인다. 세종의 리더십은 바로 정치인, 경영인의 이상적인 리더십으로 연결되었다. 고약해 이야기는 2018년 세종 탄생 600주년을 맞아 더욱 활발하게 재생산되었다. 심지어 세종뿐만 아니라 고약해도 〈2018년 XX건설 '고약해' 캠페인—우리의 잃어버린 목소리 고약해를 찾습니다〉와 같은 방식으로 사용되기도 했다. 아마도 할 말은 하는 조직 문화 만들기를 내세우는 운동이었던 듯하다.

"고약하다"가 고약해에게서 나왔다는 주장은 2000년대 후반에서 2015년 사이에 누군가가 고약해의 이름과 이야기에서 착안하여 스리슬쩍 만들어낸 것이라 판단된다. 물론 2000년대 이전에 이미 고약해라는 인물이 연구자들에게 발견되어 유명해졌을 가능성도 있다. 하지만 오늘날 고약해 개인을 주목한 연구도 없고 앞서 살펴보았듯이 고약해는 특별히 주목할 만한 인물도 아니었다.

조선 시대 연구자로서 세종을 다각도에서 조명하려는 시도가 반갑기는 하다. 그러나 세종이 조선 시대의 맥락에서 훌륭한 왕이었다는 점을 기억해야 한다. 최근 새삼 세종을 띄우는 사람들은 세종을 평가하는 기준을 엉뚱하게도 지금 우리 시대에서 끌어오고 있는데, 이는 세종을 제대로 평가하지 못하게 하는 행동일

우리말에 깃든 조선 벼슬 ──●

뿐만 아니라 대단히 위험한 행동이다. 반대로 오늘날 기준으로 세종을 가혹하게 깎아내려 평가하는 사람도 있다. 이 또한 지나친 면이 있다. 하지만 세종을 완전무결한 성군聖君으로 만들고 싶어 하는 오늘날의 욕망이 세종에 대한 환상을 만들었다는 설명에는 어느 정도 공감할 수 있다.

일반적으로 알려진 세종의 모습에는, 역사 기록에 남겨진 세종의 모습뿐만 아니라 오늘날 사람들이 욕망하는 지도자의 모습이 투영되어 있다. 백성들을 사랑했다거나, 백성들에게 자비로웠다거나, 비판도 수용할 줄 알았다거나 하는 등의 리더십은, 백성을 국민으로 바꾸면 지금 시대에도 필요한 이상적인 지도자의 모습처럼 보인다. 그러나 여기에는 구체적인 실체가 없다. 국민을 사랑하는 것이 무엇이고, 자비로운 것은 무엇이며, 비판을 수용한다는 것이 어떤 의미인지, 그 내용을 살펴보면 단편적이고 모호한 이미지들의 나열에 불과하다. 구체적인 공약 없이 "제가 열심히 하겠습니다", "썩은 정치를 없애겠습니다"라 외치는 공허한 구호와 다를 것이 없다는 말이다.

세종 대 국정 논의는 아직도 내용을 정확하게 이해하기 힘들 정도로 난해한 부분이 많다. 이 부분을 꼼꼼히 분석해야 세종의 진짜 모습에 다가갈 수 있다. 하지만 이것은 대단히 오래 걸리고 지루한 작업이다. 그러므로 고약해나 출산휴가와 같이 세종 대와 조선 시대 전체 맥락을 이해할 필요가 없는 단편적인 사례들만 꼽아서 세종을 쉽게 평가하고 또 각자의 욕망을 마구 투영하는 것이다.

[그림 5] 〈세종대왕 동상 앞〉

오늘날 여러 매체를 통해 그려지는 세종의 모습에는
사람들이 바라는 지도자의 모습이 투사되어 있다.
이 그림은 세종대왕 동상 앞에 모인 이들의
다양한 모습을 담은 풍속화.

* 소장처: 국립민속박물관

사랑, 자비, 포용 등과 같은 개념으로 보면, 오히려 조선의 왕 가운데 세종이 그렇게 특별했는지 잘 알 수 없게 된다. 왜냐하면 이것들은 모두 유교 사상에 따라 조선의 왕에게 공통으로 요구되었던 덕목이기 때문이다. 이처럼 세종에게 환상을 덧씌워 띄우는 방식은 이상적인 지도자를 '기다리는' 사고방식을 만드는 데 일조한다. 국민 한 사람, 한 사람이 주권자가 될 것을 요구하는 민주공화국에서 이런 사고방식이 필요한 사람은 주권자를 속이려는 사람들뿐이다.

　정치체제가 달라진 오늘날, 세종의 리더십은 사람 됨됨이나 선한 의도가 아니라 행동과 태도로 평가될 필요가 있다. 세종은 말년에 자신이 이룬 것이 하나도 없다고 말했다. 세종이 야심차게 밀어붙인 정책들이 성공적으로 마무리된 경우가 많지 않았기 때문이다. 그만큼 세종은 자신이 구상한 이상理想을 달성하기 위해 많은 일을 시도했다. 어떤 일을 하든 필요한 만큼만 하는 것이 아니라 끝장을 보려는 식이었다. 한글도 그런 과정에서 나온 결과물이었다. 그러나 어떤 일이든 근본부터 건드리다 보니 예상하지 못한 문제점이 드러나는 경우도 많았다.

　"고약하다"라는 말의 유래가 고약해라는, 근거를 정확하게 알 수 없는 이야기는 세종에 대한 환상과 띄우기, 또 그에 대한 반향으로 나타난 깎아내리기 사이에서 만들어졌다. 세종을 조선 세종이 아닌 대한민국 세종으로 평가하려는 움직임이 계속되는 한 앞으로도 비슷한 이야기가 또 생겨나고 수없이 재생산될 듯하다.

# ||| 3 |||
# 한성부:
## 서울 무섭다니까 남태령부터 긴다

《용비어천가龍飛御天歌》(1447)는 1443년(세종 25) 세종이 한글을 만든 뒤 한글을 사용해서 가장 처음 만든 책이다. 이 책은 조선 건국을 이끈 선조들을 칭송하고 기리는 노래집이었다. 《용비어천가》 제49장에서 한 나라의 수도를 뜻하는 경京을 우리말로 '셔블'이라고 썼다. 이것이 우리가 알고 있는 서울이다.

오래전부터 전해진 순우리말의 어원을 정확하게 알 수 있는 경우는 드물다. 서울도 어원이 확실하지 않다. 삼국 시대 신라를 일컫는 다른 말이면서 동시에 수도 경주를 가리켰던 서라벌에서 서울이 유래했다는 가설이 널리 알려져 있다. 하지만 이 가설이 다른 가설들을 압도할 만큼 근거가 뚜렷하지 않다. 백제의 수도였던 사비泗沘, 고려의 수도를 가리키는 송도松都 등이 서울의 어원

우리말에 깃든 조선 벼슬 ──●

[그림 6] 〈경성도京城圖〉

오늘날 서울은 한 나라의 수도를 가리키는 낱말이자 동시에
서울특별시라는 행정구역을 지칭하는 지명이다. 조선 시대에는 수도를 가리키는
공식 명칭이 한성 혹은 한성부였다.

서울, 한양이라는 명칭도 썼었고 일제강점기에는 경성도 함께 썼었다.

그림은 19세기 중반에 활동한 화가 김수철金秀哲(1820?~1880)의 작품으로 전해지는 〈경성도〉.

＊ 소장처: 국립중앙박물관

이었을 가능성도 남아 있다. 어쩌면 각 나라의 수도 이름이 조금 씩 서울의 어원에 영향을 끼쳤을 수도 있다.

오늘날 서울은 한 나라의 수도를 가리키는 낱말이자 동시에 서울특별시라는 행정구역을 지칭하는 지명으로 정착했다. 그러므로 "독일의 서울은?"이라는 질문도 가능하고, "부산에서 서울까지 간다"는 문장도 성립한다. 오늘날 서울이라고 하면 대한민국의 수도이자 한강을 남과 북으로 둘러싸고 있는 공간을 동시에 떠올리는 데 아주 익숙하다. 서울은 수도이고, 수도는 서울시에 있다. 조선 시대 사람들도 이렇게 생각했을까?

조선의 수도를 가리키는 공식 명칭은 한성漢城 혹은 한성부漢城府였다. 서울, 한양漢陽이라는 이름도 쓰였고, 일제강점기에는 경성京城이 함께 쓰이기도 했다. 조선 시대 사람들도 이 한성부만 서울, 즉 수도라고 여겼을까? 수도는 서울이라는 공간에 한정된다는 인식은 '관습적으로' 지금까지 변함없이 이어졌다고 할 수 있을까? 이에 대한 답이 느닷없이 2002년 행정수도 이전 논의 과정에서 등장했다.

1485년(성종 16)에 반포한 《경국대전經國大典》은 조선 시대 핵심 법전이었다. 하지만 당연하게도 오늘날 대한민국에서 《경국대전》은 법적 효력이 전혀 없다. 그런데 이 약 600년 전에 편찬된 《경국대전》이 2002년 대한민국에 와서 중요한 판결에 인용되었다.

# 대한민국 수도, 서울특별시

행정수도 이전 논의는 1970년대 후반 박정희 정부에서 시작했다. 당시 서울 인구는 약 700만 명에 이르렀다. 지금보다 훨씬 적은 숫자지만 이미 당시에도 수도권 과밀화 문제는 심각한 사회 문제로 여겨졌다. 박정희 정부는 수도 기능을 다른 지역으로 나누어 이 문제를 해결하려고 했다. 이때 행정수도 이전은 1979년 부마 항쟁과 10·26사건으로 박정희 정부가 무너지면서 실행되지 못했다. 이후 정부에서 관련 논의가 이어졌으나 큰 진전은 없었다. 하지만 수도권 과밀화 문제는 언젠간 정면으로 마주해야 할 과제였다. 마침내 2002년 9월 노무현 대통령 후보가 행정수도 건설을 공약으로 내세웠다.

이 공약의 필요성과 가능성을 두고 당시 노무현 후보와 이회창 후보의 격론이 이어졌다. 결국 노무현 후보가 당선되어 2003년 2월 대통령으로 취임했고, 핵심 공약이었던 행정수도 이전이 본격적으로 추진되었다. 2003년 12월 행정수도 이전의 법적 근거가 되는 〈신행정수도 특별법〉이 국회를 통과했다.

그런데 여기서 끝이 아니었다. 2004년 10월 헌법재판소는 국회를 통과한 〈신행정수도 특별법〉이 위헌違憲이라고 판결했다. 행정기관이 주도하고 입법기관이 결정한 내용을 1년도 지나지 않아 사법기관에서 뒤집었다. 삼권분립을 원칙으로 하는 민주공화국에서 벌어질 수 있는 일이기는 했지만, 흔한 일은 아니었기에 그

파급은 상당히 컸다. 이제 〈신행정수도 특별법〉은 원래 내용 그대로 시행될 수 없었다. 다음은 그 판결문 내용이다.

수도의 이전을 확정함과 아울러 그 이전 절차를 정하는 이 사건 법률은 헌법 개정절차를 이행하지 않은 채 법률의 방식으로 변경한 것이어서 그 법률 전체가 청구인들을 포함한 국민의 헌법개정 국민투표권을 침해했으므로 헌법에 위배된다(신행정수도의 건설을 위한 특별조치법 위헌 확인, 전원재판부 2004헌마 554, 2004. 10. 21)

간단하게 정리하면, '우리나라 수도는 서울'이라는 내용이 헌법에 명시되어 있지는 않으나 오랫동안 '우리나라 수도는 서울'이라는 사실이 관습적으로 널리 인정되었다는 말이다. 따라서 행정수도를 건설해서 수도를 옮기려면 관련 법안을 입법해서는 불가능하고 최상위 법인 헌법을 개정해야 한다는 판결이었다. 헌법을 개정하기 위해서는 국민투표가 필요하므로, 헌법재판소는 해당 법안이 국민의 헌법 개정 국민투표권을 침해했다고 보았다. 이는 이른바 '관습 헌법', 즉 헌법에 직접 쓰여 있지 않으나 헌법적인 지위가 있는 법을 근거로 한 판결이었다. 헌법재판소는 이 판결의 근거를 크게 다음 네 가지로 정리했다.

1) 서울이 수도라는 것은 조선 시대 이래 600여 년 동안 당연한

규범적 사실이다(계속성).

2) 이러한 관행이 중간에 깨진 적은 없다(항상성).

3) 서울이 수도라는 사실에 국민 개인적 견해 차이가 있을 수
없다(명료성).

4) 이 사실은 오랜 세월 굳어져 실효성과 강제성을 지닌다(국민
적 합의).

이에 따라 서울이 수도라는 내용은 제헌헌법 이전부터 존재한 헌법적 관습, 관습 헌법, 불문 헌법에 해당한다는 해석이었다. 이 판결로 대통령, 국회 등 주요 기관들을 옮기는 행정수도 건설은 좌절되었고, 〈신행정수도 특별법〉 대신에 〈신행정수도 후속대책을 위한 연기·공주 지역 행정 중심 복합도시 건설을 위한 특별법〉(법률 제7391호, 2005. 3. 18 제정)이 만들어졌다. 애초에 〈신행정수도의 건설을 위한 특별조치법〉(법률 제7062호, 2004. 1. 16 제정)을 보면, 정치 및 행정의 중추가 되는 기관들을 모두 옮길 예정이었다. 하지만 헌법재판소 판결 이후 제정된 법안의 내용은 달라질 수밖에 없었다. '행정수도'라는 용어 대신 '행정 중심 복합도시'라는 용어를 사용했고, 대통령을 비롯하여 통일부, 외교통상부, 법무부, 국방부 등은 이전 대상에서 제외되었다.

헌법재판소 판결로 행정수도를 이전하겠다는 공약은 그야말로 누더기가 되었다. 2025년 오늘날 세종시로 많은 기관이 이전한 상태이지만, 대한민국 권력의 중추이자 행정수도 이전의 핵심이

었던 대통령, 국회 등은 이전하지 못했다. 그래서 당시 이 헌법재판소의 판결에 대해 논란이 많았다. 헌법재판소의 판결에 관습 헌법이 중요한 근거로 이용될 수 있는지, 헌법재판소의 판결 근거가 설득력이 있는지 등이 쟁점이었다.

이 판결을 해석하려면 당시 정치적·사회적 상황을 면밀하게 검토해야 한다. 그러나 그것은 여기서 할 수 없는 일이고 하려는 일도 아니다. 여기에서는 헌법재판소가 《경국대전》을 제대로 해석했는지를 살펴보려 한다.

## 2004년 헌법재판소의 《경국대전》 해석

2004년 헌법재판소가 내세운 근거 가운데 사람들에게 가장 생소했던 혹은 신선했던 내용은 다음과 같이 《경국대전》을 인용한 부분이었다.

(3) 수도 서울의 관습 헌법성 여부에 대한 판단
(바) 이러한 한성의 수도로서의 지위는 성종 때에 완성된 조선의 기본법전이었던 경국대전에 그대로 반영되었다. 한성부에 관한 규정은 이전吏典 경관직京官職 한성부조漢城府條에 들어있는데 경관직은 지방관인 외관직外官職과 구별되어 있었고, 그 관할로 경도京都, 즉 서울의 호적대장, 시장 등의 사무를 관장

한다고 명시하여 한성의 수도로서의 지위를 분명히 했다(신행 정수도의 건설을 위한 특별조치법 위헌 확인, 전원재판부 2004헌마 554, 2004. 10. 21).

2004년 대한민국에서 어떠한 법안의 위헌 여부를 판단하기 위해 약 600년 전 조선 시대 법전 《경국대전》을 근거로 이용한다는 사실은, 법학을 잘 모르는 사람들에게도 굉장히 낯설었을 것이다. 조선 시대 연구자가 볼 때 판결문은 의외로 자세하다. 당시 《경국대전》은 법제처와 한국정신문화연구원(현 한국학중앙연구원)에서 이미 역주譯註를 한 상태라 역사학을 전공하지 않은 사람들도 쉽게 이용할 수 있었다. 판결문에 《경국대전》에 대한 내용이 상세하게 포함된 데에는 이 같은 상황도 어느 정도 영향을 끼쳤을 것으로 추정된다.

헌법재판소는 《경국대전》의 두 가지 부분에 주목했다. 첫째, 서울 지역의 옛 이름, 한성을 담당하는 관청인 한성부의 주요 업무가 경도京都, 즉 수도를 관리한다는 것이었다. 헌법재판소는 이 내용을 '한성부가 곧 수도'라는 의미로 이해했다. 둘째, 한성부에 대한 내용이 《경국대전》 가운데 이전吏典, 경관직京官職에 기재되어 있다는 것이었다. 헌법재판소는 한성부의 관직이 경관직, 즉 수도의 관직이라면, '한성부가 곧 수도'라고 볼 수 있다고 해석했다. 이와 같은 《경국대전》 해석을 기반으로 다음과 같은 판결이 나올 수 있었다.

(다) 이상에서 살펴본 바와 같이 수도가 서울로 정하여진 것은 비록 헌법상 명문의 조항에 의하여 밝혀져 있지는 아니하나, 조선 왕조 창건 이후부터 경국대전에 수록되어 장구한 기간 동안 국가의 기본법규범으로 법적 효력을 가져왔던 것이고, 헌법 제정 이전부터 오랜 역사와 관습에 의하여 국민들에게 **법적 확신**\*이 형성되어 있는 사항으로서 제헌헌법 이래 우리 헌법의 체계에서 자명하고 전제된 가장 기본적인 규범의 일부를 이루어 왔기 때문에 불문의 헌법 규범화된 것이라고 보아야 한다.

## 헌법재판소가 인용하지 않은 부분

그렇다면 이러한 헌법재판소의 《경국대전》 해석은 문제가 없을까? 헌법재판소가 판결할 때 활용한 《경국대전》 내용을 하나씩 살펴보자. 다음 [그림 7](50쪽)은 《경국대전》의 한성부 기재 부분이다.

먼저 《경국대전》에서 한성부를 기재한 위치이다. 한성부는 《경국대전》의 경관직 항목에 기재되어 있다. 경관직은 지방에 배치하는 벼슬인 외관직外官職과 구분된다. 따라서 경관직 항목에 기재된 한성부는 서울 관청, 여기에 배치한 벼슬은 모두 서울 벼슬

---

\* 관습법의 성립 요건이다. 한 사회에서 통용된 관행이 법으로 인정받으려면 그에 대한 의무감 등이 필요하다는 학설에서 나온 개념이다.

우리말에 깃든 조선 벼슬 ──●

이라고 할 수 있다.

다음으로 《경국대전》에 기재된 한성부의 담당 업무이다. 여기서 헌법재판소가 쓴 것처럼 '경도京都'라는 용어를 확인할 수 있다. 한성부는 경도의 인구, 토지, 도로, 교량, 사법 행정 등을 담당한다고 쓰여 있다. 한성이 오늘날 서울이고 경도가 수도를 의미한다고 보면, 한성부의 구체적인 업무는 수도 관리라고 할 수 있다. 이는 서울이 곧 수도라는 논리로 연결될 수 있다.

이 두 가지가 수도로서 확고한 서울의 지위를 보여줄 수 있을까? 한성부가 기재된 위치부터 살펴보자. 헌법재판소 해석에 따르면, 경도를 담당하는 관청, 한성부가 경관직 항목에 있으니, 결국 한성은 경도, 즉 수도이다. 그런데 이 논리는 개성부開城府의 존재 때문에 애매해진다.

《경국대전》의 경관직 항목에는 한성부뿐만 아니라 개성부도 있었다. 개성부는 고려의 수도였던 개성을 맡은 관청이었다. 오늘날 북한의 개성이다. 《경국대전》은 개성부가 '구도舊都', 즉 예전 수도를 관리한다고 명시했다. 하지만 개성은 조선이 개국한 뒤에도 한동안 수도였으며, 예전 수도로만 취급받지 않았다. 개성부는 한성부 바깥에 있었지만, 다른 지역과 달리 개성부의 벼슬은 외관직으로 분류하지 않고 경관직으로 분류했다. 이는 한성부가 경관직 항목에 기재되었다는 사실이 서울을 수도로 해석하는 근거가 될 수 없음을 보여준다.

한성부만 수도 관련 업무를 전담하는 것도 아니었다. 조선이

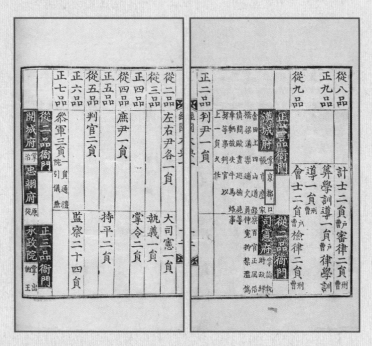

[그림 7]《경국대전》에 기재된 한성부의 담당 업무

《경국대전》에는 한성부가 경도의 인구, 토지, 도로, 교량, 사법 행정 등을
담당한다고 쓰여 있다. 한성이 오늘날 서울이고 경도가 수도를 의미한다고 보면,
한성부의 구체적인 업무는 수도 관리라 할 수 있다.

* 소장처: 서울대학교 규장각한국학연구원

개국하여 한성으로 수도를 옮긴 뒤 개성부는 수도로서 지위와 기능을 상실했다. 하지만 고려의 수도로 기능했던 여러 기반이 남아 있었고, 중국(명·청)에서 건너오는 사신이 한성부에 가기 위해 반드시 지나가는 주요 경로이기도 했다. 조선은 이러한 개성이 중요하다고 여겨 다른 지역과 차등을 두었다. 이렇게 설치한 행정 구역을 유수부留守府라고 했다.

조선 후기에 이르면 개성부와 같은 유수부는 네 개로 늘어났다. 개성부는 강화부, 수원부, 광주부와 함께 사도四都 또는 배도陪都라 불렸다. 이 유수부들은 수도는 아니지만 수도 근처에서 수도의 행정 및 군사 기능을 보조하는 행정구역이었다. 《경국대전》에 이어 편찬된 《속대전續大典》(1746)에서 강화부는 강도江都를 담당한다고 했다. 다음으로 편찬된 《대전회통大典會通》(1865)에서 수원부는 화성華城, 광주부는 남성南城을 담당한다고 했다. 이 지역의 관청과 벼슬은 마찬가지로 한성부 바깥에 배치되었지만 모두 외관직이 아닌 경관직으로 분류했다. 심지어 개성부와 강화부의 경우 종2품 아문으로 관청의 지위가 정2품 아문인 한성부보다 낮았지만, 수원부와 광주부는 한성부와 같은 정2품 아문으로 설정되기도 했다.

유수부는 기본적으로 수도 한성부의 기능을 보조했으므로, 유수부 숫자가 늘어난다고 해서 한성부가 수도의 지위를 잃어버리지는 않았다. 조선에서 수도의 기능 가운데 가장 중요하게 여긴 종묘宗廟와 사직社稷은 전쟁과 같은 비상 상황이 아니면 한 번도 한성부를 떠난 적이 없었다. 하지만 통치 영역에서 수도를 한성부라는 지역으로 한정하여 생각했을지, 꼭 그럴 필요가 있었는지는 정확히 알 수 없다. 조선에서 개성, 강화, 수원, 광주를 다스리는 일을 다른 지방을 다스리는 일과 같은 성격이라고 여겼을까? 이 지역 관청의 벼슬들을 모두 경관직으로 분류한 것만 보더라도 그렇지 않았을 가능성이 크다.

"서울 무섭다니까 남태령부터 긴다", "서울에 가는 놈 감투 부탁받은 격" 등 서울과 관련한 속담들을 살펴보면, 옛날부터 사람들이 서울을 특별하게 여겨왔다는 것을 알 수 있다. 하지만 그것이 '법적 확신'이었을까? 설령 조선 시대부터 '한성부=서울=수도'라는 인식이 뚜렷했다고 한들, 적어도 《경국대전》만으로 조선 사람들의 '관습적인' 수도 개념을 알 수 없다는 사실은 분명하다. 게다가 《경국대전》을 기어이 활용한다면, 관점에 따라 수도 기능을 보조하는 유수부는 행정수도 법안이 합헌이라고 주장할 수 있는 근거로 쓰일 수도 있었다. 이처럼 하나의 책에 여러 방향으로 해석할 수 있는 내용들이 있음에도 그 가운데 하나만 선택해서 어떤 주장의 근거로 쓴다면, 듣는 사람은 그 주장이 꽤 궁색하다고 느낄 수밖에 없다.

조선 시대 연구자로서 연구 결과가 여러모로 쓸모가 있으면 좋은 일이지만 이런 식으로 쓸모가 생기는 일은 바라지 않는다. 굳이 《경국대전》까지 필요했을까? 600년 전 법전까지 끌어올 정도로, 우리에게 서울은 대체 무엇일까?

우리말에 깃든 조선 벼슬 ──●

# 02

## 마땅히 해야 할 역할에
## 대한 기대

사람들은 어떤 자리에 있는 사람에게 그 자리에 맞는 마땅한 역할을 기대한다. 자리에 정해진
역할을 해내야 그에 걸맞은 대우를 누릴 수 있다고 생각하기 때문이다. 조선 시대에도 크게
다르지 않았다. 조선 사람들도 권한이 많고 지위가 높은 자리에 있는 사람들이 그에 맞는 역
할을 하기를 기대했다. 임금, 벼슬아치, 양반 모두 그런 자리였다. 이 장에서는 그러한 기대를
반영한 속담을 살펴보려고 한다.

||| **1** |||

# 임금:

## 가난은 나라님도 못 구한다

'가난은 나라님도 못 구한다'는 '남의 가난한 살림을 도와주기란 끝이 없는 일이어서, 나라님의 힘으로도 구제하지 못한다'는 뜻이다. 나라님은 나라의 임자, 즉 임금을 가리킨다. 사람의 힘으로 무척이나 벗어나기 어려운 가난의 모습이 속담에 새겨져 있다. 가난을 직접 마주했거나 가난을 근처에서 지켜보는 사람의 체념과 자조가 느껴진다. 누군가 나서서 이 가난을 해결해주었으면 하는 바람도 어렴풋이 전해져온다. 전지전능한 사람처럼 보이는 나라님조차 어찌할 수 없는 가난이지만, 이 가난에서 나나 남을 구하고 싶은 마음을 엿볼 수 있다. 이러한 마음이 없었다면 애초에 이 속담은 생기지 않았을지도 모른다. 그 마음이 기대하는 대상은 바로 나라님이다.

　　　　　　우리말에 깃든 조선 벼슬 ──●

# 가난을 해결할 수 있는 사람

1820년(순조 20) 정약용丁若鏞(1762~1836)은 《이담속찬耳談續纂》이라는 책을 썼다. 명나라 속담 풀이에 덧붙여 우리나라 속담을 한문으로 기록한 책이었다. 이 책에서 정약용은 '가난은 나라님도 못 구한다'를 다음과 같이 풀었다.

가난한 집을 돕는 일은 천자의 근심이다[貧家之賙 天子其憂].

그러면서 "가난은 도움을 줘도 돌아오니 돕는 힘을 이어나갈 수 없음을 말한다"고 풀이했다. 오늘날 쓰는 속담과 뜻이 크게 다르지 않다. 나라님과 천자天子가 다를 뿐이다. 천자는 황제를 가리킨다. 정약용이 살던 시기를 기준으로 보면 천자는 청나라 황제겠지만, 속담이니만큼 꼭 현실에 있는 천자만을 가리키는 표현은 아니었을 것이다. 천자는 아마도 조선 사람들이 떠올리는 세상사람 가운데 가장 지위가 높고 가장 많은 일을 할 수 있는 사람이었을 것이다. 천자의 막강한 힘은 가난에서 벗어나게 해줄 수 있는 마지막 보루이다. 하지만 그런 존재마저도 가난 앞에서는 소용이 없다는 게 속담에 깃든 뜻이다. 그 대단한 천자도 감히 쉽게 해결할 수 없어서 걱정할 수밖에 없다니. 가난의 고통이 고스란히 녹아 있다.

이 속담에 천자가 들어가면 가난의 지독한 고통이 더욱 강조될 수 있지만, 천자는 조선 사람들이 무언가를 기대하기엔 지나치게

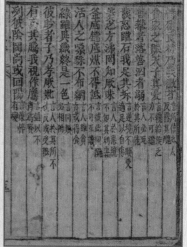

[그림 8] 《이담속찬耳談續纂》

1820년 정약용이 편찬한 속담집. 명나라 왕동궤가 엮은
《이담耳談》에서 조선 실정에 맞는 속담을 골라 풀고, 조선 속담을 더했다.
이 책에서 정약용은 '가난은 나라님도 못 구한다'라는 속담을
'가난한 집을 돕는 일은 천자의 근심이다'라고 풀었다.
* 소장처: 서울대학교 규장각한국학연구원

먼 존재였다. 그리고 사실 이 속담이 오로지 가난의 고통만을 강조하려고 했다면, 여기에 사람보다 더욱 막강한 하늘, 우주와 같은 초월적인 대상을 넣으면 그만이었다. 군이 가난을 해결하지도 못할 사람을 속담에 포함시킨 까닭은, 결국 나를 가난에서 구할 수 있는 존재, 나를 가난에서 구해야 하는 존재는 사람이라는 생각 때문이었다. 애초에 가난은 누구도 해결할 수 없는데 천자가 왜 걱정해야 할까? 천자도 가난이 자기 책임이라 알고 있었고, 사람들도 당연히 그렇게 알고 있었기 때문 아닐까?

조선에는 천자 대신 임금이 있었다. 조선 사람들이 직접 힘을 느끼고 일정한 역할을 기대할 수 있는 나라님은 조선 임금이었다. 나라님에 대한 다른 속담도 사람들이 임금을 얼마나 막강한 존재로 인식했는지 보여준다.

"나라님이 약 없어 죽나"는 목숨은 사람의 힘으로 어찌할 수 없음을 비유적으로 이르는 속담이다. 아무리 대단한 나라님이라도 사람인 이상 자기 수명까지 마음대로 할 수 없다. "나라님 망건값도 쓴다"는, 돈이라면 뭐든 가리지 않고 다 써버리는 경우를 비유적으로 이르는 속담이다. 망건은 조선 시대 성인 남성이 머리에 튼 상투를 유지하기 위해 사용한 일상용품이었다. 나라에서 가장 높고 중요한 사람의 일상용품까지 돈으로 바꿀 정도라면 다른 것은 말해 무엇할까.

물론 사람들 생각과 달리 조선 임금이 무엇이든 자기 마음대로 할 수 있는 존재는 아니었다. 지금도 그렇듯 조선 시대도 사람들의 이해관계는 복잡했고 권력의 크기와 방향은 시시각각 변화했다. 하지만 속담을 입에서 입으로 옮기는 사람들에게 그런 것은 그다지 중요하지 않았다. 사람들은 그저 임금 자리에는 마땅한 역할이 있다고 믿었다. 이 믿음은 임금을 향한 일방적인 믿음이 아니었다. 임금 역시 스스로 그렇게 여겼고 자신이 통치하는 백성들도 그렇게 생각하길 바랐다.


## 임금도 임금의 자리가 있다

아무나 임금 자리에 오를 수 없었다. 천명天命을 받은 사람, 즉 하늘이 인정한 사람과 그의 후손만 대대로 임금이 될 수 있었다. 하지만 임금이 있는 자리도 '자리'였다. 자리는 한 사람이 영원히 머물 수 없는 곳이다. 물론 영원히 살 수 있는 사람은 없고 임금도 나이가 들면 죽어서 자연스럽게 자리를 비우게 될 테니 임금 자리가 '자리'라는 말은 당연하게 느껴질 수 있겠다. 그럼에도 굳이 '자리'에 작은 따옴표를 붙여, 임금 자리가 한 사람에게 보장된 자리가 아니었다는 사실을 강조하고 싶다. 마치 벼슬처럼 말이다. 벼슬아치들은 수없이 자리를 바꾼다. 맡은 일이 바뀌어 자리를 옮기기도 하고, 승진하여 높은 자리로 옮기기도 하고, 잘못을 저질러 자리에서 쫓겨나기도 한다. 벼슬아치는 벼슬 하나에 계속 머물 수 없다.

　여기서 잠깐 이 책의 제목으로 돌아가자. 그렇다면 임금 자리도 벼슬이란 말인가? 당연히 벼슬은 아니다.《표준국어대사전》에 따르면, '벼슬'은 "관아에 나가서 나랏일을 맡아 다스리는 자리. 또는 그런 일"이다. 벼슬과 대응하는 '관직'은 "관리가 국가로부터 위임받은 일정한 직무나 직책"으로 풀이하고 있다. 임금은 관아에 소속한 이가 아니었다. 오히려 관아, 나아가 왕조 국가의 존립 근거였다. 임금 자리에 앉을 수 있는 혈통은 정해져 있어서, 일을 열심히 한 누군가가 승진하여 앉을 수 있는 그런 자리가 아니었다. 그런데 조선 시대 사람들은 임금이 앉은 곳도 '자리'로 여겼다.

유교 사상을 지탱하는 중요한 인물 가운데 한 명인 맹자孟子[孟軻](기원전 372~기원전 289)는 임금이 임금답지 못하면 임금이 아니라고 주장했다. 임금이 임금 노릇을 제대로 하지 않으면 언제든 자리에서 내쫓을 수 있다고 말하기까지 했다. 세상에 임금은 필요한 존재이지만, 임금이 꼭 지금 자리에 있는 그 사람일 필요는 없다는 말이었다. 맹자의 주장은 임금을 하늘이 내려주는 존재라고 여겼던 2,400여 년 전 사람들에게 파격이었다.

이러한 주장을 펼친 맹자는 조선의 문묘文廟에 배향되었다. 이는 임금이 그 역할을 다하지 못하면 내쫓을 수 있다고 한 맹자의 주장을 조선이 받아들였다는 뜻이다. 조선은 정기적으로 그에게 제사를 올림으로써 그의 사상이 조선의 바탕을 이룬다고 세상에 알렸다.

임금 자리에 있는 사람이 상황에 따라 바뀔 수 있다는 말은 임금 입장에서는 대단히 위험한 주장이었다. 실제로 조선에서 연산군과 광해군은 임금 자리를 지키지 못했다. 하지만 임금이 임금으로서 마땅한 역할을 하고 있다고 널리 인정받는다면, 이 주장은 오히려 임금에게 막강한 힘을 실어주는 근거가 될 수 있었다. 그래서 임금도 임금이 혈통으로 보장되는 자리가 아니라 마땅한 역할을 해야 유지할 수 있는 자리라는 생각을 기꺼이 받아들일 수 있었다. 임금 자리가 '자리'인 까닭은 임금다운 사람만 머물 수 있는 자리였기 때문이다.

조선 임금은 나라에 재난이 닥치면 잔치를 멈추고 궁궐의 반찬 수를 줄였다. 그리고 해마다 반복되는 수많은 국가 제사를 주관함으로써 효孝와 같은 가치와 공동체 윤리를 중요하게 여기는 모습을 몸소 보여주었다. 또 경연經筵을 열어 끊임없이 공부하면서 자신을 수양하려고 노력했다. 이 밖에도 조선 임금들은 임금으로서 여러 의무를 다하려고 했다. '해야 하는 일'은 한 나라 지존에게도 고달픈 것이었는지, 어떤 일은 싫은 티를 팍팍 내면서 했고 어떤 일은 적당히 게으름을 피우면서 요령껏 했다. 속마음이야 알 수 없지만 임금이 혈통만 믿고 임금 자리가 보장되는 것이라 여긴다면 그 자리를 지킬 수 없었다.

임금 자리가 '자리'라는 점을 적극적으로 이용한 임금도 있었다. 태종은 자신의 정치적 목표를 위해 양위讓位, 즉 후계자에게 임금 자리를 물려주겠다고 선언하여 신하들의 충성을 시험했다. 양위하겠다는 말에 반응하는 신하들의 행동을 보고 그들의 생각과 전반적인 분위기를 가늠하는 방법이었다. 당연히 이게 무슨 청천벽력이냐며 온갖 호들갑을 떨고 결사반대하는 신하들이 대부분이었지만, 일부 눈치 없는 신하들은 전하의 뜻대로 하셔야 한다고 거들다가 혼쭐이 났다. 태종은 세종에게 임금 자리를 물려주면서 자신이 마치 임금이라는 벼슬에서 물러나는 것처럼 표현하기도 했다. 태종뿐만 아니라 세조나 영조도 임금 자리를 이런 식으로 이용한 대표적인 임금이었다.

조선 사람들은 임금뿐만 아니라 임금 자리가 대표하는 나라, 즉 조선 왕조도 영원하지 않다고 여겼다. 조선이 망하면 다른 왕조가 들어서고 세상이 바뀔 것이라 생각했다. 《조선왕조실록》(이하 《실록》)이 그 증거이다. 여러 현안을 해결하기 위해 당대에 《실록》을 참고한 적이 있기는 했지만, 기본적으로 《실록》이 설정한 독자는 '조선 이후'의 독자였다. 즉 언제나 《실록》을 온라인에서 검색할 수 있는, 오늘날을 살고 있는 우리였다. 《실록》이 고스란히 전해져 실제로 그렇게 되었으니 목표가 달성되었다고 할 수 있겠다. 우리 사회가 얼마나 '한국 이후'를 의식하고 있는지를 생각하면 대단히 낯설게 느껴지는 사고방식이다. 이처럼 왕조도 결국 끝나는 때가 온다고 믿은 사람들이니, 태조 이성계의 후예들, 즉 전주 이씨 남성 후손들이 영원히 대를 이어 임금 자리를 지킬 수 없다는 사실도 충분히 의식했을 것이다.

조선 시대 임금은 어떤 국가행사든 홀로 남면南面, 즉 남쪽을 바라보고 앉는 것이 기본이었다. 임금을 제외한 나머지 사람은 모두 북쪽을 향해 임금을 우러러보았다. 임금이 아닌 사람들은 임금은 마땅히 어떠해야 한다고 기대했으며, 임금은 다소 막연한

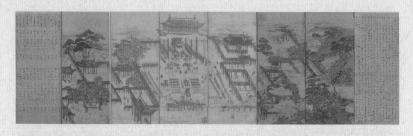

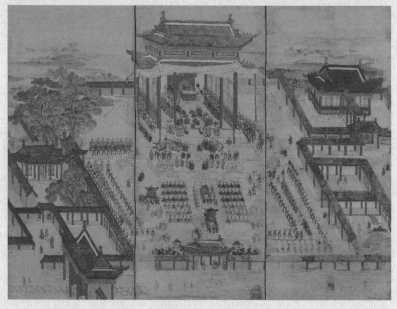

[그림 9] 〈헌종가례진하도 병풍憲宗嘉禮陳賀圖 屛風〉

1844년(헌종 10) 조선 헌종과 효정왕후의 가례를 치른 후 여러 벼슬아치들이
축하를 올리는 장면을 담은 병풍. 가례는 조선의 국가의례인 오례五禮 가운데 하나로
백성과 기쁨을 나누는 의례의 범주였다. 여기서 가례는 왕실 혼례를 가르킨다.
그림 가운데 단상에 헌종이 자리하는데 남쪽을 향해 있다.
좌우에 나란히 서 있는 사람들은 벼슬아치이고 그 아래에 가로로 서 있는 사람들과
계단 아래 좌우로 서 있는 사람들은 별감, 군인, 악사 등이다.

* 소장처: 동아대학교박물관

그 기대를 기꺼이 받아들였다. 물론 임금이라 해도 문제를 단칼에 해결해줄 수 없었다. 임금 자리는 생각보다 외로운 자리였고, 임금은 사람들의 기대만큼 전지전능하지 못했다. 하지만 중요한 것은 임금을 포함한 모두가 임금의 마땅한 역할을 인식하고 있었다는 사실이다. 그래서 이 속담, '가난은 나라님도 못 구한다'는 나라를 대표하는 임금의 의무와 백성의 소망 그 사이 어디쯤에 있다. 조선 임금 누구도 가난을 없애지 못했다. 당대 사람들은 한편으로는 기대하면서도 다른 한편으로는 임금, 아니 그보다 더 대단한 존재가 와도 가난을 없애지는 못한다고 생각했다. 하지만 동시에 모름지기 임금이라면 그 지독한 가난을 없애지는 못하더라도 걱정하고 또 걱정해야 한다고 여겼다.

이 속담은 나라님이 없어진 오늘날에도 종종 쓰이고 있다. 여전히 우리 사회에 빈부격차라는 이름으로 가난이 남아 있기 때문이기도 하지만, 무엇보다 이 속담이 이른바 나랏일을 하는 사람들의 책임감을 상기시키기 때문이다. 그래서 만약 이 세상에서 정말 가난이 없어진다고 해도 이 속담까지 없어질 것 같지 않다.

오늘날은 행정부를 대표하는 대통령이나 입법부를 대표하는 국회의원 등 선출직이 속담 속 '나라님'을 대신하는 듯하다. 자신도 한낱 사람인지라 가난은 구할 수 없다고 자위하는 데 이 속담을 쓸 것인지, 아니면 무한한 책임감을 느끼고 자신의 의무를 다하는 데 이 속담을 쓸 것인지는 이들의 선택에 달려 있다. 모쪼록 후자처럼 속담의 뜻을 느끼고 사용하는 사람들이 자주 당선되기를 바랄 뿐이다.

## ||| 2 |||
# 벼슬아치:
## 계란유골

계란유골鷄卵有骨. 우리말로 풀면 '달걀이 곯았다' 정도가 되겠다. "늘 일이 잘 안 되는 사람이 모처럼 좋은 기회를 만났어도 역시 일이 잘 안 됨"을 이르는 말이다. 마침 먹음직스러운 달걀이 생긴 줄 알았는데, 삶아서 까보니 곯은 달걀이라 먹을 수 없게 되었기 때문이다.

이 속담을 한자로 표현할 때 '뼈 골骨' 자를 썼다. '골'은 진짜 달걀에 뼈가 있었다는 뜻이 아니라 '곯았다'는 우리말을 표현하기 위한 한자다. 물론 정말 뼈를 뜻했을 가능성이 아예 없는 것은 아니다. 하지만 닭이 낳은 달걀이 모두 부화할 수 있는 것도 아니고, 냉장고가 없던 시절에 달걀을 유통하고 보관하는 과정에서 달걀에 뼈가 생길 가능성보다 곯을 가능성이 더 컸을 것이다. 또 부화가 진행되어 뼈가 생긴 달걀은 때때로 식재료로 쓸 수도 있었다. 이 속담에서 달걀은 아예 못 먹게 된 달걀을 가리켜야 하므로, 곯은 뼈가 아니라 '곯았다'를 가리키는 한자로 보는 편이 더 적절하다.

조선 사람들은 임금뿐만 아니라 임금을 곁에서 돕는 벼슬아치에게도 기대하는 바가 있었다. 임금을 비롯하여 모든 벼슬아치들이 청렴하기를 바랐다. 즉 자기 욕심만 부리지 않고 공동체를 위해 헌신하기를 원했다. 계란유골은 그 바람을 보여주는 대표적인 속담이다.


# 청백리 황희!

19세기 조재삼趙在三(1808~1866)이 쓴 《송남잡지松南雜識》에 이 속담이 어떻게 생겨났는지 적혀 있다. 내용을 정리하면 다음과 같다.

조선 세종 대 황희黃喜(1363~1452)라는 사람이 있었다. 황희는 조선에서 가장 높은 벼슬인 정1품 영의정까지 오른 사람이었지만 권력을 이용해서 사사로이 재물을 모으지 않았다. 그래서 황희는 지위에 어울리지 않게 가난했다. 이런 황희를 칭찬하고 싶었던 세종은 어느 날 한성에 들어오는 모든 물건을 황희의 집에 보내주도록 지시했다. 뚜렷한 명분 없이 따로 물건을 챙겨 내려주면 황희가 받지 않을 것이기 때문이었다. 그런데 하늘 역시 황희의 뜻을 알았는지 그날따라 하루 종일 비가 내려 한성에 들어온 물건이라고는 달걀 한 바구니가 전부였다. 게다가 그 달걀조차 모두 곯아서 먹을 수 없었다. 세종이 마음먹고 상을 내려주었는데 정작 황희는 제대로 받지 못하고 말았다.

조선 시대에도 달걀은 흔한 식재료였다. 그런 달걀조차 황희는 먹을 수 있는 상태로 받지 못했다. 이 이야기를 황희 입장에서 보면 오늘날 속담 뜻풀이와 살짝 다르다. 황희는 "늘 일이 잘 안 되는 사람"이라기보다 늘 청렴하려고 한 사람이고, "좋은 기회를 만났어도 역시 일이 잘 안 되는 사람"이 아니라 청렴한 태도를 끝까지 지켜낸 사람이라고 볼 수 있다. 오히려 세종 입장에서 봐야 오늘날 속담 뜻풀이와 어느 정도 맞아떨어진다.

황희는 오랫동안 조선의 대표적인 청백리淸白吏로 알려져왔다. 보통 청렴한 벼슬아치 가운데 살아 있는 사람은 염근리廉謹吏, 이미 죽은 사람은 청백리라고 했다. 황희가 청백리라는 근거는 1906년(고종 43)에 편찬했을 것으로 추정되는 《청선고淸選考》와 1924년 강효석姜斅錫(?~?)이 쓴 《전고대방典故大方》의 기록이다. 《청선고》에는 조선 시대 청백리 186명이, 《전고대방》에는 218명이 기재되어 있다. 세종 대 청백리는 각각 15명과 14명인데, 황희는 두 책에 모두 기재되었다.

황희가 워낙 유명한 청백리였기에 관련 속담과 이야기도 많다. 지금은 잘 쓰지 않지만 "황희 정승네 치마 하나로 세 어미딸 입 듯"이라는 속담도 있다. 황희의 집이 가난하여 어머니와 딸들이 외출할 때 서로 치마 하나를 차례로 돌려 입었다는 뜻이다. 계란

[그림 10] 〈황희 초상〉

세종 대에 조선에서 가장 높은 벼슬인 정1품 영의정까지 오른 황희는
조선 시대 벼슬아치 중 대표적인 청백리로 알려져 있다. 조선 초기부터 한말까지 현직이나
봉작을 받은 사람, 문묘·서원 등에 제향·배향된 사람의 명단을 수록한 책《청선고淸選考》와
단군에서 시작하여 한국 역대 인물에 대한 전거를 밝힌 일종의 인명사전
《전고대방典故大方》에도 황희는 청백리로 기재되어 있다.

\* 소장처: 국립중앙박물관

유골과 마찬가지로 청렴을 넘어서 궁핍에 가까운 모습이다. 이와 더불어 자기 종의 어린 자식이 수염을 당기며 어리광을 부려도 웃어넘겼다는 이야기, 두 사람이 서로 자기가 옳다며 싸우는 모습을 보고 "둘 다 옳다" 말했다는 일화에서 그의 관대하고 여유로운 인품을 알 수 있다.

## 청백리 황희?

하지만 사실 황희는 청백리와 다소 거리가 있는 인물이었다. 눈치 빠른 독자는 알아차렸겠지만, 황희를 청백리로 못 박은 기록은 황희가 살았던 당대 기록이 아니라 20세기 기록이다. 《송남잡지》를 쓴 조재삼도 19세기에 살았던 사람으로, 연도를 따지면 황희보다 오히려 우리와 가까운 사람이었다. 그렇다면 황희를 직접 만날 수 있었던 당대 사람들의 평가는 어떠했을까.

《문종공순대왕실록文宗恭順大王實錄》(이하 《문종실록》)에 그의 졸기卒記가 있다. 조선은 높은 벼슬아치가 죽었을 때 그의 생애와 세상의 평가 등을 정리하여 《실록》에 남겼는데, 이것이 졸기였다. 영의정까지 올라갔던 황희도 당연히 그 대상이었다. 황희는 태조부터 문종까지 여러 임금을 가까이서 보좌한 덕분에, 졸기는 칭찬과 존경의 말로 가득 차 있다. 그런데 단점을 지적한 부분이 딱하나 있다.

우리말에 깃든 조선 벼슬 ⟶●

그러나 성품이 지나치게 관대하여 집을 다스리는 데 단점이 있었다. 청렴결백한 마음이 부족하여 오랫동안 정병政柄을 맡았고, 보궤簠簋에 대한 비판이 흔하게 있었다[然性過於寬 短於齊家 乏廉介之操 久典政柄 頗有簠簋之誚].

'정병'은 요즘말로 하면 인사권이다. 오늘날도 마찬가지지만 조선 사람들도 이조 판서나 병조 판서와 같이 인사권이 있는 벼슬에 한 사람이 오래 머무는 것을 좋게 보지 않았다. '보궤'는 제사할 때 쓰는 제기다. 깨끗한 제기는 청렴함에 비유되곤 했다. 보궤에 대한 비판이 있다는 말은 곧 청렴하지 않다는 지적이었다. 그럼 어떤 사건 때문에 이런 평가가 있었을까.《문종실록》은 세 가지 사건을 기록했다.

하나는 황희의 처가 쪽 친척이 국가 재산을 함부로 이용한 혐의가 있었는데, 당시 영의정이던 황희가 이를 변호하여 처벌받지 않도록 한 일이었다. 다른 하나는 둘째 아들 황보신黃保身(?~?)이 뇌물을 받은 죄로 처벌받았는데, 황희가 문종에게 부탁하여 사면을 시켜준 일이었다. 벼슬아치로서 뇌물을 받은 죄는 후손까지 처벌이 이어질 정도로 큰 죄였다. 하지만 황희 집안사람들은 황희가 힘을 써 벌을 줄이거나 벌을 받았더라도 머지않아 사면되었다.

마지막으로 황희의 서자庶子, 즉 첩의 아들 황중생黃仲生(?~?)을 자기 아들이라고 했다가 번복한 일이었다. 황중생은 황희의 아들로 알려져 있었지만 신분이 신분인지라 벼슬은 하지 못하고 궁궐에 들어가 잡다한 일을 처리하는 역할을 맡았다. 이 일을 하면서 황중생은 세종의 다섯째 아들 광평대군廣平大君(1425~1444)의 귀중품을 포함하여 궁궐에 있는 물건을 훔쳤다. 절도가 발각된 황중생은 배다른 형 황보신에게 장물을 주었다고 진술했다. 이에 황희는 황중생이 사실 자기 아들이 아니라 조趙씨 아들이라며 자신의 집안과 철저하게 분리했다. 하루아침에 성씨가 바뀌어 조중생이 된 황중생은 결국 혼자 목이 베이는 형벌을 당했다. 이 밖에 《문종실록》은 자세하게 기록하지 않았지만, 좌의정이었을 때 사위 서달徐達(?~?)의 살인 사건을 뭉개고 넘어가려다가 황희 본인이 의금부에 갇힌 적도 있었다.

이처럼 황희를 둘러싼 사건들을 보면, 황희는 자기 집안과 관련한 일은 최대한 감싸고 옹호하는 모습을 보인다. 황중생은 가차 없이 내쳤으므로 그렇게 단정하기 어렵다고 말할 수도 있겠다. 하지만 황중생은 죄가 워낙 무거웠다. 무엇보다 둘째 아들 황보신까지 휘말리게 했기 때문에 더 이상 문제가 커지지 않도록 집안에서 잘라냈다고 볼 수 있다. 이 역시 자기 집안을 지키기 위한 선택이었다. 이런 사례들을 보면 "성품이 지나치게 관대하여 집을 잘 다스리지 못했다"는 《문종실록》의 평가가 허무맹랑해 보이지 않는다.

이러한 평가가 적절하지 않다는 의견도 있다. 당대에 이미 황희에 대한 평가가 역사를 기록하는 사관史官의 개인적 감정에서 나왔다는 주장이 있었기 때문이다. 세종 대 사관 이호문李好問

우리말에 깃든 조선 벼슬 ─●

(?~?)은 황희의 가정사와 뇌물 수수 등을 노골적으로 비판한 기록을 남겼다. 《세종장헌대왕실록世宗莊憲大王實錄》(이하 《세종실록》) 편찬을 맡은 담당자 대부분은 이호문이 감정에 치우쳐 정확한 근거 없이 황희를 비난한다고 판단했다. 결국 논의 후 이호문이 쓴 내용은 《세종실록》에 넣지 않기로 결정했다. 그런데 이 결정이 무색하게도 《세종실록》에는 황희의 단점을 부각하는 사건들이 삭제 없이 모두 기재되었다. 그래서 앞서 《문종실록》에서 언급한 사건들의 당시 기록을 《세종실록》에서 낱낱이 확인할 수 있다.

이렇게 된 이유로는 두 가지를 생각할 수 있다. 하나는 이호문이 쓴 내용이 오늘날 남아 있는 《세종실록》, 《문종실록》의 기록보다 훨씬 비판적인 어조였을 가능성이다. 다른 하나는 추후 논의를 거쳐 이호문이 쓴 내용까지 그대로 싣도록 바꾸었지만, 그 결정을 《실록》에 기록하지 않았을 가능성이다. 《세종실록》 편찬을 담당했던 사람들이 《문종실록》 편찬 담당자들과 정치적 입장이 서로 달랐던 상황까지 고려한다면, 의도적으로 기록을 누락시켰을 가능성도 염두에 두어야 한다. 전자는 훗날 세조가 되는 수양대군을 지지하지 않았고, 후자는 수양대군을 지지했다. 어느 경우든 황희의 공功과 과過가 함께 《실록》에 기록되어야 한다는 원칙은 분명했던 듯싶다.

당대부터 평가에 대한 논란이 있을 정도로 황희는 하나의 이미지로 정리될 수 없는 복잡하고 큰 인물이었다. 그는 자기 권력을 남용한다는 비판을 받기도 했고, 여러 비리 사건에 직접 연루되기도 했다. 황희 입장에서 억울한 사건도 있었지만, 팔이 너무 안으로 굽은 사건들도 적지 않았다. 한 사람의 장단점은 마치 동전의 양면과 같으므로, 자기 사람을 챙기는 황희의 성품은 세력을 모으고 갈등을 조정해야 하는 정치에서 장점이 되었을 수도 있다. 다만 그러한 성품에서 비롯된 사건들을 보면, 황희가 청백리라고 힘주어 말하기는 쉽지 않다.


## 청백리를 넘어 벼슬아치의 모범으로

이렇게 보니 완전무결한 청백리로 묘사된 황희의 모습은 뜬금없다는 느낌마저 든다. 황희는 가족에게도 원리원칙을 고집스럽게 따지는 사람이라기보다 자기 권력을 바탕으로 적당히 융통성을 발휘하여 집안과 주변 사람을 끔찍이 챙기는 사람에 가까웠다. 사실 궁금한 건 황희가 정말 청백리였는가 아니었는가가 아니다. 아마도 이 질문은 영원히 해결할 수 없을지도 모른다. 궁금한 건 이것이다. 어떻게 황희에게 이토록 확고한 청백리 이미지가 생길 수 있었을까? 계란유골 이야기가 어떻게 황희의 이야기가 되었을까?

　앞서 살펴보았듯이 황희를 청백리라 하기엔 고개를 갸웃할 수밖에 없는 정황들이 있다. 하지만 이러한 정황에도 불구하고 청백리 황희 이미지는 시간이 갈수록 굳어졌다. 황희가 청백리라는 평가는 1477년(성종 8) 사헌부 집의執義 이칙李則(1438~1496)의 입에서 처음 나왔다. 이때 이칙은 성종에게 벼슬아치의 사치를 경계해야 한다고 주장했다. 그 과정에서 황희가 30년 동안이나 정승을 지냈지만 재산을 탐내지 않아 집이 텅 비었다고 말했다. 정승은 벼슬아치 가운데 가장 높은 자리다. 이칙 이후에 황희를 예시로 든 사례들에서도 황희는 청백리를 넘어 모든 벼슬아치의 모범으로 등장한다. 황희가 모범적인 벼슬아치였다는 기억은 15세기 성종 대부터 19세기 고종 대까지 그대로 이어졌다.

벼슬아치의 모범으로서 황희의 모습을 요약하면 다음과 같다. 황희는 정승일 때 베옷을 입고 모범을 보여 나라의 사치를 줄였다. 정승이 소박한 옷을 입고 나타났으니 그 아래 벼슬아치들이 함부로 사치스러운 옷을 지어 입지 못했다는 이야기다. 그리고 덕이 많은 어진 재상으로서 성군聖君 세종과 함께 나랏일에 부지런히 임했다. 황희는 임금과 의견이 다르더라도 자기 소신을 굽히지 않았다. 세종은 그런 황희의 의견을 항상 경청했다. 양녕대군이 세자 자리에서 쫓겨날 때 황희가 혼자 태종에게 반대했던 이야기는 조선 사람들도 아주 잘 알고 있었다. 또한 다른 벼슬아치들과 권력을 두고 다툼하거나 불필요한 갈등을 일으키지 않았다. 특히 새롭게 벼슬길에 진출한 젊은 벼슬아치들과 충돌이 없었다.

이와 같은 후대의 기억에 다소 왜곡이 있다 하더라도, 황희가 모범이 될 만한 벼슬아치였음은 분명하다. 황희가 높은 벼슬을 두루 역임하고 오랫동안 건강을 유지하며 부지런하게 업무를 수행한 것은 사실이었다. 또한 황희는 세종이 추진하려 했던 여러 정책에 무조건 반대하기보다 예상되는 문제를 밝히고 우려를 설명함으로써 자신의 역할을 다했다. 권세를 오래 누리면서도 자신과 극단적으로 반대편에 서는 정적을 두지 않았으며, 새로 과거 시험에 급제한 후배들에게는 존경받는 선배였다.

게다가 황희는 세종의 배향공신配享功臣 가운데 한 사람이었다. 배향공신이란 나라에 특별한 공로가 있어서 임금과 함께 종묘에 모신 신하를 말한다. 배향공신은 임금마다 적게는 한두 명이었고 많아도 다섯에서 일곱 명 정도에 불과했다. 배향공신으로 종묘에서 제사를 받는 것은 신하로서 대단한 영예였다. 게다가 세종은 조선 시대에도 '세종대왕'이었다. 시쳇말로 세종이 '역대급' 임금임을 조선 사람들도 알고 있었다. '세종'은 빼어난 임금에게 올리는 묘호廟號였고, 세종이 죽은 뒤 조선 사람들은 세종의 시대가 대단했다고 평가했다. 당연히 후대 왕들은 세종을 임금의 모범으로 삼고 발자취를 따르려고 했다. 이러한 세종이 오랜 기간 곁에 두고 함께 정치를 펼쳤던 황희는 충분히 벼슬아치의 모범으로 삼을 만했다. 그런데 황희를 벼슬아치의 모범으로 삼기에는 아무래도 한 가지 덕목이 부족했다. 바로 청렴함이었다. 이 부분을 전해오는 이야기로 채우고 싶었던 것은 아니었을까?

곯은 달걀 이야기는 황희 이야기 이전에 이미 전해지던 이야기였다. 황희의 다음 세대 서거정徐居正(1420~1488)이 쓴 《태평한화 골계전太平閑話滑稽傳》에 계란개골鷄卵皆骨이라는 이야기가 남아 있다. 계란개골은 우리말로 하면 '달걀이 모두 곯았다' 정도로 풀이할 수 있겠다. 이 이야기는 황희의 이야기와 주인공과 배경만 바뀌었을 뿐 내용은 거의 같다. 이야기와 관련한 시까지 남아 있는 등 장면 묘사는 더 자세하다. 공교롭게도 서거정이 이 책을 쓴 시점은 이칙이 황희에 대해 처음 언급했던 1477년(성종 8)이었다.

계란개골의 주인공은 황희가 아니라 강일용康日用이라는 사람이었다. 그가 실존 인물인지는 확인되지 않는다. 그는 고려 사람이었고 학사學士 벼슬에 있었다. 황희 이야기에는 황희의 당시 벼슬조차 나와 있지 않다. 강일용 역시 황희처럼 임금의 은혜로 물건을 받게 되었는데 날씨가 돕지 않아 달걀 몇 개밖에 받을 수 없었다. 그마저도 모두 곯아버린 상태였다. 이 뒤로 복이 없는 사람을 강일용이라고 부르게 되었다. 이 이야기를 두고 누군가 다른 속담과 합쳐 시를 지었는데 다음과 같다.

공명功名은 달걀 손님이요
신세는 게젓 중이라

세상에 이름을 날리는 일에 복도 없고 남에게 신세를 지는 일도 없는 삶을 노래한 시다. 달걀을 받아도 먹을 수 없으니 '달걀 손님'은 '복이 없음'을 뜻한다. 게젓과 중은 다른 속담에서 따왔다. 당시 "안산 게젓 장사가 게젓 세 토막을 먹었는데 삼각산 중이 물 한 말을 마신다"라는 속담이 있었던 모양이다. 이는 서로 아무 관련이 없는 일을 가리키는 말이었다. 결국 두 번째 행은 남에게 신세를 지는 일 없음을 뜻한다. 오늘날 쓰는 계란유골 속담도 주로 복이 없는 경우를 가리킬 때 쓰이고 있으니, 청렴을 강조하는 황희의 계란유골보다 강일용의 계란개골이 속담의 뜻과 더 잘 어울린다.

황희의 계란유골 이야기를 전한 《송남잡지》는 《태평한화골계전》을 인용하지 않았다. 계란유골은 항간에 떠도는 이야기라고 기록했다. 《송남잡지》는 속담을 설명할 때 대체로 그 기원을 알 수 있는 책이나 시문을 근거로 밝히고 있는데, 계란유골의 경우 기원을 밝히지 못했고 《태평한화골계전》도 인용하지 않았다. 아마도 조재삼은 《송남잡지》를 쓸 때 계란개골 이야기를 몰랐던 듯하다. 이처럼 황희를 청백리라 말하기 어려운 정황과 계란개골 이야기를 보면, 적어도 황희의 계란유골은 강일용의 이야기를 바탕으로 새롭게 만들어진 이야기로 추정된다.

사실 세종 대 청렴한 벼슬아치로 널리 알려진 사람은 따로 있었다. 바로 맹사성孟思誠(1360~1438)이었다. 맹사성도 《청선고》와 《전고대방》에 기재된 청백리였고, 황희와 함께 오랜 기간 정승으로서 세종을 보좌했다. 조선에서는 공이 많고 지위가 높은 벼슬아치가 죽으면 임금이 시호謚號를 따로 내려주었다. 시호는 그 사람에 대한 당대 평가를 집약해서 보여준다. 맹사성의 시호는 문정文貞이었다. 여기에서 '정貞'은 청백수절淸白守節로, 청렴의 덕목이 포함된 시호였다. 황희의 시호는 익성翼成으로, 생각이 깊고 넓으며 재상으로서 이룬 일이 많다는 뜻이 있었다. 둘 다 명예로

[그림 11] 맹사성

세종 대에 청백리로 널리 알려진 벼슬아치는 황희가 아니라 맹사성이었다.
황희와 함께 오랜 기간 정승으로서 세종을 보좌한 맹사성은 청백수절의 의미가 담긴
문정文貞이라는 시호를 받을 만큼 청렴한 벼슬아치였다.

* 소장처: 고불맹사성기념관

운 내용을 담고 있지만 맹사성의 경우 청렴함을 특히 강조한 시호였다.

맹사성은 흔히 자신의 호를 딴 맹 고불古佛로 불리며 황희처럼 여러 이야기에 전해진다. 그는 길거리에서 소를 타고 다닌 데다가 행색이 남루하여 정승인지 알아보지 못하는 사람들도 있었다고 한다. 오로지 벼슬에 정해진 녹봉만으로 생활하여 재산이 많지 않았다는 이야기도 있다. 그리고 황희와 마찬가지로 정승까지 오른 인물이지만 겸손한 태도가 몸에 배어 아무리 낮은 벼슬아치가 자신을 찾아오더라도 손님으로서 동등하게 대우했다고 알려져 있다. 그렇다면 황희는 황희대로 모범으로 삼고, 맹사성은 청백리로서 모범으로 삼으면 되지 않았을까?

문제는 황희와 달리 맹사성은 세종의 배향공신이 아니었다는 점이다. 세종의 배향공신을 선정할 때 맹사성도 후보에 있었지만 결국 탈락했다. 그 까닭은 정확히 나와 있지 않은데, 태종 대 조대림 사건과 관련이 있는 것으로 보인다.

조대림趙大臨(1387~1430)은 태종의 사위로 병권兵權, 즉 군대를 움직일 수 있는 권한을 가지고 있었다. 1408년(태종 8) 목인해睦仁海(?~1408)라는 사람이 조대림을 속여 한성에서 군사를 일으키게 했다. 목인해는 반란을 고발하고 혼란을 일으켜 자기 이익을 얻으려는 속셈이었던 듯하다. 조대림은 목인해의 말만 믿고 군사를 일으켰다가 곧 자기 실수를 깨닫고 군사를 물린 뒤 자수했다. 조대림이 군사를 일으키기 전부터 이 상황을 미리 자세하게 파악하고 있었던 태종은 목인해만 처벌하고 조대림은 용서했다. 태종은 마음만 먹었다면 군사를 일으키기 전에 조대림을 곧바로 체포할 수도 있었다. 그런 점에서 보면 이 사건은 결과적으로 태종이 조대림의 충성심을 시험한 사건이기도 했다.

이때 맹사성은 벼슬아치의 비위를 감독하는 사헌부의 우두머리, 대사헌 벼슬에 있었다. 맹사성은 자기 마음대로 군사를 일으킨 조대림을 재조사해야 한다고 주장했다. 다른 사람의 말에 속아 넘어갔다 하더라도 임금의 명령 없이 군사를 일으킨 자가 아무 처벌도 받지 않았기 때문이다. 아마도 맹사성은 태종이 처음부터 상황을 알고 조대림을 시험했다는 사실은 잘 몰랐던 것으로 보인다. 그러므로 맹사성 입장에서는 자기 자리에서 나름대로 충성을 다한 조치였다. 하지만 태종은 맹사성의 움직임에 사위 조대림의 병권을 빼앗아 왕실의 힘을 약하게 하려는 의도가 숨어 있다고 생각했다. 조대림이 어리석기는 해도 반란은 꿈도 꾸지 않을 사람이라는 사실이 태종에게 명확하게 증명된 상태였기 때문이다.

태종은 맹사성의 불순한 의도를 뿌리부터 뽑아버리겠다는 강한 의지를 보였다. 맹사성은 아들과 함께 체포되었다. 심한 문초 끝에 맹사성은 자기 죄를 인정했다. 맹사성의 아들은 매를 버티지 못하고 죽었다. 맹사성도 죽을 위기에 처했으나 맹사성과 친분이 있던 이숙번李叔蕃(1373~1440), 하륜河崙(1348~1416), 권근權近(1352~1409) 등 공신들이 간청한 덕분에 겨우 목숨만 건질 수 있었다. 반면 황희는 사건이 벌어지기 전, 태종에게 조대림이 결코 반란을 일으킬 인물은 아니라고 말했다. 태종도 황희의 말이 옳다고 여겼다. 조대림 사건을 보는 황희와 맹사성의 시각 차이는 후대 사람들이 보란 듯이 그대로 《실록》에 실려 있다.

몸을 회복한 맹사성은 다시 벼슬아치가 되었고 정승까지 올랐다. 하지만 이 사건의 굴레에서 벗어나기 어려웠다. 후대에 맹사성을 돋보이게 할 동기도 딱히 없었다. 맹사성은 인품이 좋고 음악에 탁월한 재능이 있었으나 정치에 필요한 능력은 황희만큼 뛰어나지 못했던 듯하다. 그는 자기 세력을 만들지 않았지만 그렇다고 기존 세력에 가담하지도 않았다. 한마디로 아군도 없고 적도 없는 사람에 가까웠다. 그나마 맹사성과 친분이 있던 사람들도 세종 재위기에 모두 죽었다. 세종의 배향공신을 뽑을 때 맹사성도 고려해야 한다고 강력하게 주장할 사람이 없었다. 장성한 아들이 일찍 죽은 탓이었는지 맹사성의 후손들도 벼슬길에 활발하게 진출하지 못했다. 훗날 오랜 시간이 지나 영조가 맹사성의 후손을 따로 수소문할 정도였다. 반면 황희의 경우 아들들은 우여곡절을 겪기는 했지만 높은 벼슬을 받았고, 가문은 대대손손 번성하여 조선 후기까지 좋은 평가를 받는 벼슬아치들을 꾸준히 배출했다.

요컨대 정치의 황희, 청렴의 맹사성이었다고 할 수 있겠다. 하지만 앞서 살펴본 맹사성의 결격 사유 때문인지 이상적인 벼슬아치 이미지는 황희에게 집중되었다. 청백리 황희에 대한 평가가 처음 나왔던 성종 대에는 세종 대의 영광을 재현하고 모방하려는 분위기가 팽배해 있었다. 그러한 분위기에서는 실제 황희의 모습보다 황희가 대표하는 이미지가 더 중요했다. 세종의 배향공신 황희의 훌륭함을 강조하려고 이미지를 다소 왜곡할 동기는 충분했다. 벼슬아치의 모범을 만들어내는 과정에서 황희의 단점 혹은 약점이라고 할 수 있는 청렴함은 맹사성의 그것으로 채워졌을 가능성이 크다.

결국 이야기는 섞이고 이리저리 윤색되어 황희가 임금이 하사한 곯은 달걀을 확인하는 장면까지 등장한 듯하다. 이때부터 계란유골은 더 이상 고려 사람 강일용의 이야기가 아니라 조선의 이름난 재상 황희의 이야기가 되었다. 400년 뒤 사람인 조재삼은 강일용의 이야기를 알지도 못했다. 이로써 그저 복 없는 사람의 이야기를 담고 있던 소소한 속담이, 벼슬아치의 모범을 가르치는 교훈적인 속담으로 변화했다. 이렇게 본다면 벼슬아치에 대한 조선 사람들의 기대가 두 사람의 공로를 한 사람의 공로로 합치고 세상에 전해지는 이야기의 주인공까지 바꾼 셈이다.

# ||| 3 |||
# 양반:
## 양반은 얼어 죽어도 겻불은 안 쬔다

이 속담은 '궁하거나 다급하더라도 체면을 깎는 짓은 하지 않는다'는 뜻이다. 아무리 추워도 겨를 태운 불에 허겁지겁 달려들어 몸을 녹이지 않고 꼿꼿하게 체면을 유지하려는 양반兩班의 모습을 묘사한 속담이다. 겻불은 곡식의 부산물을 태운 불이니 장작이나 숯을 태운 불보다 오래 가지 못하고 화력도 약하다. 이 속담은 양반은 당장 눈앞에 있는 작은 편안함을 위해 양반으로서 체면, 즉 남을 대하기에 떳떳한 도리나 얼굴을 쉽게 포기하려고 하지 않는 사람이라는 뜻을 담고 있다.

양반이 왜 겻불을 쬐려고 하지 않는지 다른 해석도 가능하다. 예를 들어, 이 속담이 자기보다 신분이 낮은, 아랫사람들의 불을 뺏지 않는 태도를 보여준다고 이해할 수도 있다. 이렇게 보면 비숫한 뜻이지만 분위기가 조금 달라진다.

그런데 체면을 중요하게 여기는 양반의 모습을 묘사한 속담은 이 속담 말고도 꽤 많이 남아 있다. "양반은 물에 빠져도 개헤엄은 안 친다", "양반도 세 끼만 굶으면 된장 맛 보잔다", "양반은 죽어도 문자 쓴다", "양반은 죽을 먹어도 이를 쑤신다", "양반 김칫국 떠먹듯", "양반은 안 먹어도 긴 트림" 등이다. 모두 하나같이 체면을 중요하게 여기는 양반의 태도와 맥이 닿아 있다. 이런 점을 고려하면 이 속담은 양반의 넓은 아량보다 체면을 중시하는 태도를 다루었다고 해석하는 편이 더 적절한 듯하다.

대체 양반은 어떤 사람이기에 다른 사람들 눈에 우스꽝스럽고 미련해 보일 정도로 체면을 중요하게 여기는 사람이 되었을까. 사전을 먼저 찾아보자. 양반은 속담에 등장하는 낱말이기도 하지만 일상에서 단독으로 자주 쓰이는 낱말이기도 하다. 《표준국어대사전》에 등재된 양반의 뜻은 다섯 가지나 된다.

1) 고려·조선 시대에, 지배층을 이루던 신분. 원래 관료 체제를 이루는 동반과 서반을 일렀으나 점차 그 가족이나 후손까지 포괄하여 이르게 되었다.

2) 점잖고 예의 바른 사람.

3) 자기 남편을 남에게 이르는 말.

4) 남자를 범상히 또는 홀하게 이르는 말.

5) 사정이나 형편이 좋음을 비유적으로 이르는 말.

(2)에서 (5)는 모두 (1)에서 나온 뜻이지만, 서로 연결되는 듯하면서도 아예 상관이 없어 보이기도 한다. 사전에서 강조하지 않았지만 (4)는 심지어 욕설에 가깝게 쓰일 때도 있다. 가끔 지하철이나 길거리에서 시비가 붙은 곳을 지나갈 때면 "이 양반" 혹은 "저 양반" 하는 소리를 들을 수 있다. 양반은 예의 바른 사람을 가리킬 때도, 남을 낮잡아 부를 때도 쓸 수 있다. 좋은 상황과 상태를 가리킬 때도 쓰인다. 똑같이 "양반"이라 말하더라도 맥락과 어감에 따라 얼마든지 뜻을 '조절'할 수 있다는 느낌이 들 정도다. (3)은 (2)가 될 수도, (4)가 될 수도 있다. 속담에 나온 양반 역시 일단 (1)의 뜻으로 풀이할 수 있지만, 그 안에 담긴 풍자로 볼 때 (2), (3), (4)의 뜻과 아예 분리되어 있다고 말하기도 어렵다. 어떻게 (1)에서 이렇게 많은 뜻이 쏟아져 나올 수 있었을까.

## 벼슬에서 비롯한 양반

《표준국어대사전》의 첫 번째 뜻에서 알 수 있듯이 양반은 벼슬에서 비롯된 낱말이다. 양반이 곧 벼슬을 가리키는 낱말은 아니었지만 벼슬을 빼놓고는 양반을 설명하기 어렵다. 양반은 원래 문반文班과 무반武班을 아울러 부르는 말이었다. 즉 두 개[兩]의 반열[班]인 셈이다. 문반과 무반은 각각 동반東班과 서반西班이라고 부르기도 했다.

서울 경복궁 근정전 앞뜰을 상상해보자. 임금은 정면에 있는 근정전 용상龍牀에 올라 광화문 방향, 남쪽을 바라보고 앉는다. 신하들은 그 앞뜰에 나란히 서는데, 앉아 있는 임금 왼쪽에 문반이 서고 오른쪽에 무반이 선다. 서울 지도를 위에서 조감한다고 했을 경우 왼쪽에 선 벼슬아치는 동대문 방향, 즉 동쪽에 서는 셈이고, 오른쪽에 선 벼슬아치는 서대문 방향, 즉 서쪽에 서는 셈이다. 그래서 이들을 각각 동반과 서반이라고 부른다.

보통 동반은 붓을 쓰는 문신文臣, 서반은 칼을 쓰는 무신武臣이라고 하면 이해하기 쉽다. 하지만 꼭 그런 것만은 아니었다. 임금과 성씨가 같은 남자 친척들, 즉 종친의 경우 칼을 쓰지 않더라도 서쪽에 섰다. 서반 벼슬이 모두 칼을 쓰는 벼슬도 아니었다. 붓을 쓰는 문신 가운데 서반 벼슬을 받아 서쪽에 설 때도 있었다. 사실 이 구분을 설명하려면 한도 끝도 없다. 여기서는 동반과 서반이 업무만으로 명확하게 구분되지 않는다는 정도만 알아두자. 중요한 건 양반이 이곳에 선 벼슬아치들, 즉 조정朝廷에 있는 모든 동반과 서반 벼슬아치를 통틀어 부르는 말이었다는 것이다.

근정전 품계석品階石 앞에 설 수 있으려면 벼슬자리에 있어야 했다. 이 자리에 설 수 있는 벼슬아치는 동반과 서반 벼슬에 있는 현직現職 벼슬아치였다. 이들은 의심할 것 없이 모두 양반이다. 그럼 전직前職은 어떨까? 전직 벼슬아치 가운데 나이가 많거나 큰 잘못을 저질러 더 이상 벼슬에 나올 수 없는 이도 있었지만, 벼슬자리가 부족하거나 병에 걸리거나 상喪을 당해 잠시 벼슬길에서 물

[그림 12] 경복궁 품계석品階石

경복궁 근정전 앞뜰에 있는 품계석. 근정전 용상龍牀에 올라
남쪽을 바라보고 있는 임금 앞에 신하들이 나란히 선다.
임금이 바라보는 방향에서 왼쪽은 문반이, 오른쪽은 무반이 선다.
문반은 동대문 방향, 즉 동쪽에 서고, 무반은 서대문 방향, 즉 서쪽에 선다 하여
이들을 각각 동반과 서반이라고 부르기도 했다.
* 출처: 국가유산청 국가유산포털

러나 있는 이도 있었다. 참고로 조선의 벼슬아치는 부모의 장례와 삼년상을 치르는 동안 벼슬길에 나올 수 없다는 게 원칙이었다. 이 경우 벼슬아치는 상황에 따라 최대 6년 동안 벼슬을 할 수 없었다. 이들은 원래 벼슬아치였고 벼슬을 할 수 있는 자격을 갖추고 있었다. 병이 낫거나 장례가 끝나는 등 벼슬길에서 물러나 있어야 했던 사유가 사라지면 현직으로 돌아갈 수 있었다. 이들은 당장 임금 앞에 설 수 없으나 사실상 양반이라고 할 수 있지 않을까?

그렇다면 앞으로 벼슬에 오를 사람들 혹은 벼슬을 할 가능성이 있는 사람들은 어떨까? 이들은 양반일까 아닐까? 조선에서는 전직 벼슬아치도, 그리고 이들도 모두 양반이었다. 즉 양반은 현직 벼슬아치에서 비롯된 말이지만, 정작 누가 양반인지 아닌지는 현직 여부만으로 판단할 수 없었다. 현직 벼슬아치를 가리키던 말이 하나의 계층을 가리키는 말로 확장되어 쓰였던 셈이다.

양반이 되려면 벼슬이 필요했지만, 벼슬만으로 양반이 될 수는 없었다. 그러므로 나라에서 공인한 '양반 신분증' 같은 건 없었다. 현직 벼슬아치라 하더라도 벼슬 종류에 따라 양반이 아닌 경우도 많았다. 자신이 스스로 양반이라 주장해서 양반이 될 수도 없었다. 양반은 사회적으로나 문화적으로 남들에게 널리 인정받아야 하는 계층에 가까웠다. 바로 이 부분이 오랫동안 양반을 연구하는 연구자들을 곤란하게 했다. 이 양반 기준의 모호함은 사전에 실린 양반의 뜻도 다섯 가지로 갈라놓았다.

오늘날 우리가 몇몇 기준을 가지고 누군가를 '금수저'로 인식하는 것처럼, 조선 시대 사람들도 주변에 있는 누군가를 쉽게 양반으로 가려냈을 것이다. 하지만 다른 사람들과 '금수저'를 구분하는 정확한 기준이 무엇인가를 따지려 들면 생각보다 설명하기 쉽지 않다. 부모 재산이 어느 정도부터 '금수저'인가? 부모 재산만이 '금수저'의 기준이 될 수 있는가? '금수저'들을 계층으로 묶을 수 있는가? 양반도 마찬가지였다. 무엇을 인정받아야 양반인가? 그것을 어느 정도까지 인정받아야 하는가? 누군가를 양반으로 분류하는 일은 당대 사람들 그리고 후대 연구자들에게 그렇게 어려운 일은 아니었다. 그러나 그 분류 기준이 무엇인지 따지려 들면 애매한 구석이 많다.


## 널리 인정받아야 하는 양반

조선에서 일반 평민과 양반을 구분하는 핵심 기준은 무엇이었을까? 연구자마다 조금씩 차이가 있지만 대체로 혈통을 꼽는다. 혈통을 강조하여 양반 대신 사족士族이라는 표현을 쓰기도 한다. 이에 따르면, 조상 가운데 주요 벼슬에 올라 나라에 공을 세운 사람이나 학문에서 성과가 있는 사람이 있는 후손들을 아울러 양반이라 할 수 있다. 몇몇 특정 상황에서 사조四祖, 즉 4대 위 조상 안에 저런 사람이 있어야 양반으로 인정한다고 범위에 제한을 두기도 했으나, 일반적으로 후손과 조상의 거리는 크게 상관이 없었다.

우리말에 깃든 조선 벼슬 ⎯⎯●

그렇다면 남들이 어떻게 혈통을 알아보고 그 사람이 양반이라고 인정해주었을까? 후손임을 검증할 수 있는 족보를 남에게 보여주면 좋겠지만, 항상 족보를 가지고 다니거나 써 붙이고 다닐 수 없는 노릇이었다. 남들에게 자신의 혈통을 가장 잘 보여주는 방법은 바로 제사였다. 양반은 뛰어난 조상이 있을 경우 그 조상의 기일뿐만 아니라 명절에도 제사를 지냈다. 그때마다 혈통을 공유하는 집안 친척들이 한곳에 모일 수 있었고, 남들에게 자신의 혈통을 보여줄 수 있었다.

혈통을 드러내는 중요한 행사였던 만큼 제사는 함부로 진행할 수 없었다. 제사를 진행하는 후손들은 제사의 형식과 내용이 어긋나지 않도록 관련 지식과 교양을 꾸준히 쌓아야 했다. 유교 경전과 역사서를 매일 공부하고, 그 내용을 실천으로 옮겨야 했다. 활쏘기로 체력을 기르는 일도 게을리할 수 없었다. 그리고 훌륭한 조상이 세워놓은 가풍을 유지하고 계승할 수 있도록 물심양면으로 힘써야 했다. 자신을 양반이라고 주장하고 싶다면, 꾸준한 제사를 위한 가문의 경제력도 필요했지만 이에 못지않게 조상에게 부끄럽지 않은 후손으로서 태도와 교양을 갖추는 일도 필요했다.

양반에게 독립된 '나'는 없었다. 오로지 양반 집안 안에 있는 '나'만 있을 뿐이었다. '나'의 행동이 곧바로 조상과 집안, 즉 양반의 지위에 영향을 미쳤다. 태도는 수많은 의식적·무의식적 행동이 쌓여서 만들어진다. 제사와 같은 행사를 진행할 때뿐만 아니라 동네에 잠깐 나왔을 때도 양반으로서 '나'는 몸가짐을 함부로

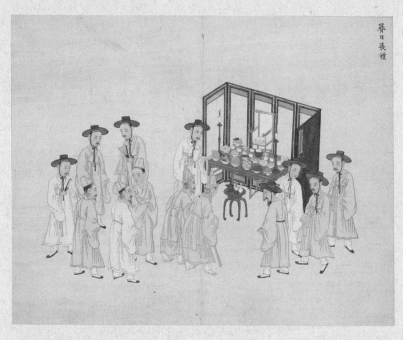

[그림 13] 〈기일상례碁日喪禮〉

제사는 혈통을 드러내는 중요한 행사였다.

양반은 남들에게 혈통을 보여주기 위해 제사를 활용했다. 조상의 기일뿐만 아니라
명절에도 제사를 지내면서 그때마다 모인 집안 친척들을 통해 자신의 혈통을 드러냈다.

그림은 조상의 기일에 상례를 치르는 모습을 담은 김준근金俊根(?~?)의 풍속화.
《기산풍속화첩箕山風俗圖帖》에 수록되어 있다.

* 소장처: 국립중앙박물관

할 수 없었다. '나'는 내가 아니라 조상, 집안, 나아가 공동체를 대표하는 사람이었기 때문이다. 실수를 줄이기 위해 조심스럽게 말하고 행동해야 했다. 겻불에 달려드는 것은 상상할 수도 없는 행위였다. 이러한 '나'의 상태를 한마디로 정리하면 '체면'이 아니었을까.

양반이 아닌 사람들은 체면을 중히 여기는 태도가 몸에 새겨진 양반을 이해하기 어려웠을 것이다. 체면 때문에 배고픔이나 추위와 같은 인간의 본능까지 거스르려 하는데 어떻게 이해할 수 있겠는가? 이해하기 힘든 것을 봤을 때 사람들은 종종 경이로움과 존경 혹은 혐오와 조롱의 시선을 던지곤 한다. 양반을 바라보는 눈도 마찬가지였다. 제 역할을 해내는 양반은 어떤 상황에서도 자기 집안과 공동체의 가치를 지키는 '어른'으로, 그렇지 못한 양반은 양반 흉내나 내는 모자란 '샌님'으로 보았다. 앞서 정리한 양반 관련 속담들을 살펴보면, 아무래도 '샌님'들이 사람들에게 더 강렬한 인상을 주었던 듯싶다. 물론 그만큼 '어른'이 흔하지 않기도 했을 것이다.

이처럼 조선 시대에 양반으로 널리 인정받으려면 좋은 벼슬과 부유한 경제력을 갖춰야 했을 뿐만 아니라 양반으로서 요구되는 사회적·문화적 역할도 해내야 했다. 이 까다로우면서도 다소 모호한 기준은 양반과 평민을 명확하게 구분하는 잣대가 되었다. 그러나 이는 양반이 양반다울 때, 그리고 공동체에서 양반의 역할이 가치가 있을 때만 유지될 수 있었다.

유교 사상은 사람마다 정해진 지위가 있고 그 지위에 맞는 역할을 해야 한다고 말한다. 이는 양반의 지위와 역할을 긍정하는 근거였다. 하지만 동시에 언제든 양반을 부정할 수 있는 근거이기도 했다. 양반이 양반답지 못하다면, 그 양반은 양반이 아니었다. 돈으로 족보를 살 수 있고 사회적·문화적 역할은 무시한 채 벼슬과 돈만 좇는 양반들이 늘어나는 시대가 도래하자, 양반은 점점 하찮은 존재를 가리키는 낱말, 조롱을 위한 낱말로 사용되기 시작했다. 조선이 망하고 식민지 지배가 시작되면서, 이러한 경향이 두드러진 듯싶다. 그나마 "그렇게 되면 양반이지" 정도로 어떤 상황 혹은 상태가 좋다고 말할 때 쓰기도 하지만, 신분이 양반이 아닌 사람으로서 양반을 긍정적으로 바라보는 시각은 찾기 어렵다.

"양반 두 냥 반"이라는 말장난에 가까운 속담은 양반이 그만큼 흔하고 돈으로 살 수 있는 지위에 불과하다는 조롱의 뜻을 담고 있다. "양반 때리고 볼기 맞는다", "양반은 가는 곳마다 상이요, 상놈은 가는 데마다 일이라", "양반 못된 것이 장에 가 호령한다" 등 양반의 신분적 우위를 뚜렷하게 드러내는 속담도 있으나 그것이 당연하다거나 마땅하다는 어감은 전혀 없다. 조선 사람들에게 '양반이 무엇인가?'라고 묻는다면 대답을 주저했겠지만 '누가 양반인가?'라고 묻는다면 아주 쉽게 제 역할을 해내지 못하는 양반들부터 하나하나 가려냈을 것이다.

# 03

## 좋은 벼슬을 향한
## 욕망과 통찰

이 장에서 살펴볼 속담에 등장하는 벼슬은 정승과 평양감사이다. 정승은 임금을 가장 가까이
에서 보필했던, 조선에서 가장 높은 벼슬이었다. 평양감사는 평안도를 관할했던, 평안도에서
가장 높은 벼슬이었다. 한 벼슬은 도읍 한성에서, 다른 한 벼슬은 한 도에서 가장 높은 자리
였다. 자세히 살펴보지 않아도 사람들이 부러워할 만한 권력과 명예가 있었으리라 할 수 있
다. 굳이 특별한 이야기가 얽히지 않아도 충분히 속담에 담길 만한 자리였던 것이다. 하지만
몇 가지 질문이 남아 있다. 조선의 공식 벼슬 이름 가운데 '정승'과 '평양감사'는 없었다. 정승
과 평양감사는 어떤 벼슬을 말하는 것일까? 조선의 여덟 개 도 가운데 왜 굳이 평안도의 평
양감사가 속담의 소재로 선택된 것일까? 이 질문들을 해결하다 보면, 정승과 평양감사가 왜
좋은 벼슬이었는지, 왜 이 벼슬들이 속담이 되었는지 알 수 있을 것이다.

# 정승:
## 개처럼 벌어서 정승처럼 쓴다

이 속담은 '돈을 벌 때는 힘들게 벌고 쓸 때는 떳떳하고 보람이 있게 한다'는 뜻이다. 개는 보통 동물을 지칭하지만, 사람을 낮잡아 부를 때도 쓴다. 뒤에 나오는 정승이 사람을 가리키니 개 역시 동물보다 낮은 신분 혹은 낮은 지위에 있는 보잘것없는 사람 정도로 이해하면 자연스럽다. 그렇다면 정승은 얼마나 높은 벼슬이길래 속담이 될 정도였을까. 정승의 위치를 알아보기 전에 먼저 정승이라는 이름부터 살펴보자.

# 정승과 대감

정승政丞은 의정부의 정1품 영의정·좌의정·우의정, 이 세 벼슬에
있는 벼슬아치를 가리킨다. 정승은 원래 조선 건국 직후 최상위
관청 가운데 하나인 문하부門下府에 설치된 벼슬로 좌정승과 우정
승이 있었다. 처음에는 시중侍中이라는 이름이었으나 1394년(태조
3)에 정승으로 바뀌었다. 그 뒤 1400년(정종 2) 문하부가 사라지고
의정부議政府가 만들어졌다. 이때 정승 대신 의정議政이라는 이름
을 사용하기 시작하면서 의정부의 장관은 의정부의 영의정부사領
議政府事, 즉 영의정領議政이 되었다. 그리고 1414년(태종 14)에 판
의정부사判議政府事 두 자리를 각각 좌의정과 우의정으로 바꾸면
서, 의정부의 가장 높은 세 벼슬 이름이 영의정, 좌의정, 우의정으
로 정리되었다.

이처럼 정승은 1414년(태종 14)에 이미 공식 벼슬 명칭에서 사
라졌지만 영의정, 좌의정, 우의정을 가리키는 별명으로 남았다.
기존에 쓰던 공식 명칭이었으니 말하는 데 크게 어색함이 없었
다. 실제 대화에서는 공식 벼슬 이름보다 별명인 정승에 성씨를
앞에 붙여 표현하는 일이 많았다.

"그대들이 한 정승의 말을 들었는가[卿等其聞韓政丞之言乎]?"

"정승의 생각은 어떠한가?[政丞之意 何如]"

이는 성종이 신하들에게 한 말을 사관이 옆에서 듣고 옮겨 적은 기록이다. 여기서 한 정승은 한명회韓明澮(1415~1487)를 가리켰다. 당시 한명회는 영의정, 좌의정, 우의정 등 현직이 아니었다. 현직 자리를 거쳤던 전직이었다.

성종은 어린 나이에 즉위하는 과정에서 여러 대신의 지원을 받았다. 이 과정에서 현직 정승은 아니지만 정승처럼 임금을 가까이서 보좌하는 역할을 맡은 전직 정승들이 있었다. 이를 원상院相이라고 했다. 이들을 현직과 아울러 부르는 과정에서 정승이라는 별명이 완전히 정착하지 않았을까 싶다.

영의정, 좌의정, 우의정을 정승 말고 대감大監이라 부르기도 했다. 같은 속담이라도 정승이 들어간 자리에 대감을 넣어 쓰기도 했다. 대감이라는 말을 언제부터 썼는지는 정확히 알 수 없다. 대감은 정2품 이상 관계官階가 있는 사람을 가리키는 말로 알려져 있으나 근거가 밝혀져 있지 않다. 관계는 뒤에서 자세히 설명할 예정이므로 여기서는 일단 벼슬아치의 등급이라고 이해하고 넘어가자.

곽종석郭鍾錫(1846~1919)의 문집 《우문집宇文集》에 따르면, 대감은 송宋(960~1279)나라의 관청 추밀원樞密院의 복야僕射 이상 직급을 가리키는 대자大資라는 말에서 비롯했다. 이것이 조선에서 정2품 관계 자헌대부資憲大夫 이상을 가리키는 말이 되었고, 표현도 대감으로 바뀌었다는 설명이다. 하지만 언제부터, 왜 대감이 쓰였는지는 분명하지 않다. 그저 대감이 임금을 가리키는 상감上監,

종2품부터 정3품 통정대부通政大夫 및 절충장군折衝將軍 당상관堂上官을 가리키는 영공令公 혹은 영감令監과 대응하는 말로 쓰인 용례들을 확인할 수 있을 뿐이다. 엄밀히 따지면 정1품 정승은 모두 대감이었지만, 모든 대감이 정승은 아니었다. 정2품부터 종1품까지도 대감으로 불릴 수 있기 때문이었다.

영공과 영감의 경우, 대감과 달리 그 시작이 자세하게 기록되어 있다. 이수광李睟光(1563~1628)이 쓴 《지봉유설芝峯類說》(1614)에 따르면, 영공과 영감은 당唐(618~907)나라의 벼슬아치 곽자의郭子儀(697~781)의 이야기에서 나왔다. 곽자의가 중서성中書省의 영令이라는 벼슬에 올랐는데, 이때 그를 '곽 영공郭令公'이라고 높여 불렀다. 조선에서는 승정원이 중서성에 해당하므로 승지 벼슬에 있는 벼슬아치를 공公이라고 불렀고, 곧이어 승지와 같은 등급인 통정대부 이상 당상관을 통틀어 영공이라고 했다. 그런데 이수광이 살펴보니 10여 년 전부터 사람들이 갑자기 영공을 영감이라고 쓰고 있었다. 이수광은 그 까닭을 알 수 없다고 적었다.

《실록》을 보면 영공은 조선 초기부터 종종 찾아볼 수 있지만 이수광의 기록처럼 영감은 1592년(선조 25) 임진왜란 이후에야 확인할 수 있다. 마침 대감의 용례가 등장하는 시기도 비슷하다. 조선 초기 대감은 명나라 내시의 직급인 태감太監을 가리키는 용어로 쓰였고, 조선 벼슬아치를 가리키는 데는 사용되지 않았다.

지금까지 밝혀진 내용을 종합하면, 처음에는 통정대부 이상 당상관을 영공이라고 높여 부르다가 1592년 전후로 영공은 영감이 되었다. 그리고 영감 가운데 정2품 이상을 따로 구분하는 대감이라는 말이 생겼다. 조선이 망한 뒤로 영공, 영감, 대감은 모두 본래 뜻을 잃을 수밖에 없었다. 다만 영감만은 남편을 부르는 말, 혹은 지위가 높은 공무원, 특히 검찰청의 검사나 지체 높은 사람을 높여 이르는 말로 쓰이고 있다.

## 정승은 얼마나 높았을까

정승 세 벼슬이 소속한 의정부는 정1품 아문으로 관청 가운데 서열이 종친부 다음이었다. 종친부는 임금의 전주 이씨 친척들을 위한 관청이었다. 그러므로 사실상 국정에서 의정부가 가장 높은 실무 관청이었고, 의정부의 장관 정1품 영의정은 벼슬아치가 올라갈 수 있는 가장 높은 벼슬이었다. 가장 높다는 게 얼마나 어떻게 높다는 것일까?

먼저 관청의 지위와 기능으로 높이를 가늠해보자. 의정부는 국정을 책임지는 관청으로, 그 아래에 육조六曹를 거느렸다. 인사를 맡은 이조吏曹, 재정을 맡은 호조戶曹, 의례와 외교를 맡은 예조禮曹, 군사를 맡은 병조兵曹, 사법을 맡은 형조刑曹, 토목을 맡은 공조工曹로 나뉘는 육조는 각각에 소속된 속아문屬衙門들을 관리했다. 의정부는 육조와 나머지 관청들이 정해진 법에 따라 업무를 수행하는지 확인하고, 만약 기존 법으로 해결할 수 없는 문제가

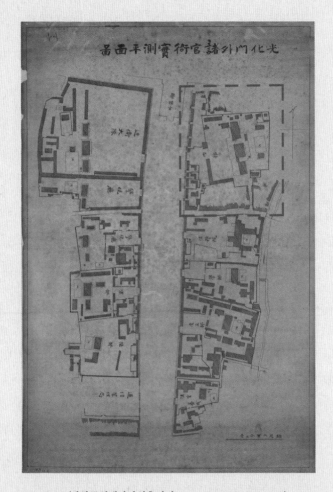

[그림 14] 〈광화문외제관아실측평면도光化門外諸官衙實測平面圖〉
100여 년 전인 1908년에 만들어진 것으로 추정되는 육조거리 실측평면도.
네모 점선으로 표시되어 있고 '內部(내부)'라고 적혀 있는 곳이 의정부이다.

＊ 소장처: 국가기록원

발생하면 임금에게 아뢰어 새로운 법을 위한 논의가 진행될 수 있도록 했다. 이와 관련한 업무를 최종적으로 결재하는 역할을 세 정승이 했다. 이는 국정의 과거와 현재를 전반적으로 파악하지 않고는 해내기 어려운 일이었다.

정승은 이 일뿐만 아니라 다른 직도 겸하는 경우가 많았다. 정승은 넓은 시야로 국정을 총괄하면서 겸하고 있는 실무에도 깊게 관여했다. 인사人事와 군사軍事에서 중요한 일을 맡기도 했다. 물론 시기에 따라 의정부는 임금에게 자문하는 기능 정도에 머물고 정승은 명예직에 그칠 때도 있었다. 이 경우 정승 대신 육조의 장관인 판서判書들이 중심이 되어 국정을 운영하기도 했고, 비변사備邊司가 의정부와 육조의 역할과 기능을 아우르기도 했다. 하지만 실제 국정 운영 양상과 상관없이 의정부는 조선 시대 내내 국정을 총괄하는 관청으로서 상징성을 유지했다.

다음은 관계官階로 높이를 재보자. 조선 벼슬아치는 벼슬과 관계官階가 있었다. 영의정, 좌의정, 우의정은 벼슬이었다. 관계란 일종의 지위 혹은 직급을 가리키는 개념이었다. 오늘날 공무원과 비교하면 '○○부 ○○담당 5급 사무관'에서 '5급 사무관', 사무직 회사원과 비교하면 '사원', '대리', '부장' 등이 관계라고 할 수 있다. 수많은 '사무관'과 '대리'가 있지만 소속과 업무는 각각 다르다. 하지만 부서와 업무가 다르다고 대우나 봉급까지 크게 달라지지 않는다. 직급으로 그 사람의 지위를 판단하기 때문이다.

[표 1] 조선 시대 관계官階

| 품계 | 서열 | | 동반 | 서반 |
|---|---|---|---|---|
| 정1품 | 上 | 1 | 대광보국숭록대부大匡輔國崇祿大夫 | |
| | 下 | 2 | 보국숭록대부輔國崇祿大夫 | |
| 종1품 | 上 | 3 | 숭록대부崇祿大夫 | |
| | 下 | 4 | 숭정대부崇政大夫 | |
| 정2품 | 上 | 5 | 정헌대부正憲大夫 | |
| | 下 | 6 | 자헌대부資憲大夫 | |
| 종2품 | 上 | 7 | 가정대부嘉靖大夫 | |
| | 下 | 8 | 가선대부嘉善大夫 | |
| 정3품 | 上 | 9 | 통정대부通政大夫 | 절충장군折衝將軍 |
| | 下 | 10 | 통훈대부通訓大夫 | 어모장군禦侮將軍 |
| 종3품 | 上 | 11 | 중직대부中直大夫 | 건공장군建功將軍 |
| | 下 | 12 | 중훈대부中訓大夫 | 보공장군保功將軍 |
| 정4품 | 上 | 13 | 봉정대부奉正大夫 | 진위장군振威將軍 |
| | 下 | 14 | 봉렬대부奉列大夫 | 소위장군昭威將軍 |
| 종4품 | 上 | 15 | 조산대부朝散大夫 | 정략장군定略將軍 |
| | 下 | 16 | 조봉대부朝奉大夫 | 선략장군宣略將軍 |
| 정5품 | 上 | 17 | 통덕랑通德郎 | 과의교위果毅校尉 |
| | 下 | 18 | 통선랑通善郎 | 충의교위忠毅校尉 |
| 종5품 | 上 | 19 | 봉직랑奉直郎 | 현신교위顯信校尉 |
| | 下 | 20 | 봉훈랑奉訓郎 | 창신교위彰信校尉 |
| 정6품 | 上 | 21 | 승의랑承議郎 | 돈용교위敦勇校尉 |
| | 下 | 22 | 승훈랑承訓郎 | 진용교위進勇校尉 |
| 종6품 | 上 | 23 | 선교랑宣教郎 | 여절교위厲節校尉 |
| | 下 | 24 | 선무랑宣務郎 | 병절교위秉節校尉 |
| 정7품 | | 25 | 무공랑務功郎 | 적순부위迪順副尉 |
| 종7품 | | 26 | 계공랑啓功郎 | 분순부위奮順副尉 |
| 정8품 | | 27 | 통사랑通仕郎 | 승의부위承義副尉 |
| 종8품 | | 28 | 승사랑承仕郎 | 수의부위修義副尉 |
| 정9품 | | 29 | 종사랑從仕郎 | 효력부위效力副尉 |
| 종9품 | | 30 | 장사랑將仕郎 | 전력부위展力副尉 |

조선에서 벼슬은 종9품부터 정1품까지 18개 등급이 있었고, 관계는 [표 1]과 같이 종9품 장사랑將仕郎부터 정1품 대광보국숭록대부大匡輔國崇祿大夫까지 30개 등급이 있었다. 벼슬 등급은 상하上下 구분이 없었기 때문에 나타난 차이였다. 모든 벼슬아치는 벼슬과 관계의 등급을 일치시키는 것이 원칙이었다. 예를 들어 종9품 장사랑은 종9품 벼슬을 받는 식이었다. 정승의 벼슬은 18개 등급 가운데 가장 높은 정1품이었고, 관계는 30개 등급 가운데 가장 높은 정1품 대광보국숭록대부였다.

일반적으로 벼슬아치들은 당상관으로 불리는 정3품 통정대부 및 절충장군에 오르기까지 정해진 근무 기간을 채우고 업무 성과를 쌓아 승진했다. 업무 성과가 뛰어난 경우 특별한 승진 기회가 있기는 했지만, 기본적으로 정해진 근무 기간을 채우는 것이 가장 중요했다. 관계 등급 1계階를 올라가는 데 아래서부터 24번째 서열인 종6품 서무랑宣務郎까지는 각각 15개월, 그다음 10번째 서열 정3품 통훈대부通訓大夫까지는 각각 30개월이 필요했다. 이렇게 규정되어 있는 내용을 기준으로 계산하면, 종9품 장사랑將仕郎부터 통훈대부까지 약 40년 가까이 걸렸다. 40세 남짓이었을 것으로 예상하는 조선 시대 평균 수명을 생각하면 한 세대에 걸치는 아득한 시간이었다. 물론 모두가 종9품부터 벼슬길을 시작하지 않았고 포상도 자주 이루어져 정상까지 꼬박 40년이 걸리지는 않았다. 하지만 이 40년이라는 시간은 정1품과 종9품의 격차를 직관적으로 보여준다.

게다가 통훈대부까지는 시간이 오래 걸리더라도 성실하게 업무를 수행하면 노려볼 수 있었지만, 통정대부 이상은 근무 기간을 채우는 것을 넘어 특별한 공로가 있어야 승진할 수 있었다. 드디어 통정대부 당상관의 반열에 올랐다 할지라도 정승이 되는 것은 또 다른 일이었다. 여기서 또 한 번 다른 당상관과 정1품의 격차는 벌어진다. 정승은 벼슬길의 바닥에서 40년이라는 높이만큼 떨어져 있어서 이미 까마득하지만, 거기에 40년에 가까운 시간으로도 극복하기 어려운 요소들까지 더해진 높이였던 것이다. 이 40년의 과정은 뒤에서 다룰 "따놓은 당상"에서 조금 더 설명하겠다.


## 권세는 10년을 유지하기 어렵다[權不十年]

이토록 모두가 우러러보는 높은 벼슬아치였으니 정승 관련 속담도 많을 수밖에 없었다. 크게 두 가지로 나눌 수 있는데, 먼저 정승의 자리에 오르기가 매우 어렵다는 뜻을 담은 속담들이 있다.

예를 들어, "삼정승 부러워 말고 내 한 몸 튼튼히 가지라"는, 권세에 헛된 욕심을 두지 말고 자기의 건강과 행실을 챙기라는 말이었다. 정승 자리에 오르기가 그만큼 힘드니 괜히 정승을 노려 무리하지 말고 가까운 자신부터 챙기라는 뜻으로 이해할 수 있다. "굶어 죽기가 정승 하기보다 어렵다[諺曰飢死 難於作相]"는 속담도 있다. 이는 조영순趙榮順(1725~1775)의 문집 《퇴헌집退軒集》에

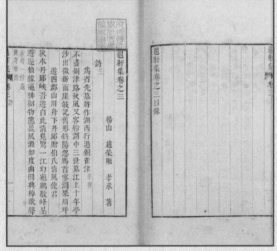

[그림 15] 《퇴헌집退軒集》

정승은 모두가 우러러보는 높은 벼슬아치였던 만큼 속담 소재로도 많이 쓰였다.
조선 후기 문신 조영순의 문집 《퇴헌집》에는 "굶어 죽기가 정승 하기보다 어렵다"는
속담이 기록되어 있다. 굶어 죽는 것이 결코 쉽지 않은 일이라는 뜻이지만
정승에 오르기가 쉽지 않다는 뜻도 담겨 있다.

＊ 소장처: 한국학중앙연구원

104

기록된 속담이다. 아주 가난하여 금방 굶어 죽을 것 같아도 이런 저런 이유로 굶어 죽기가 결코 쉬운 일이 아니라는 뜻이지만 정승에 오르기가 쉽지 않다는 뜻을 담고 있다.

다음으로 정승의 자리를 유지하기 어렵고, 정승으로서 누리는 권세가 영원하지 않다는 뜻을 담은 속담들이 있다. "저는 잘난 백정으로 알고 남은 헌 정승으로 안다"는, 별로 대단치 않은 사람이 거만한 태도로 다른 사람을 만만히 보거나 자기보다 나은 사람을 업신여기는 경우를 비유적으로 이르는 말이다. "헌 정승만큼도 안 여긴다"는, 여럿이 모여 무엇을 하면서 어떤 이를 무시하고 참여하지 못하게 함을 비유적으로 이르는 말이다. 정승을 지낸 사람이라도 현직에서 내려와 권력을 잃으면 주요 논의에 끼워주지 않을 정도로 괄시했다는 뜻이다.

가장 잘 알려진 속담은 아마도 "죽은 정승이 산 개만 못하다"일 것이다. 비슷한 속담으로 "대감 죽은 데는 안 가도 대감 말 죽은 데는 간다"가 있다. 정승이 살아있고 현직일 때는 그 권세에 눌려 고개를 숙이고 어떻게든 정승의 힘을 이용해보려고 그 집 개와 말이 죽었을 때조차 정승네 집을 기웃거리지만, 정작 정승 본인이 죽으면 그 엄청났던 권세가 아무짝에도 쓸모없어 외면한다는 뜻이다.

정1품 영의정, 좌의정, 우의정은 벼슬아치가 아닌 사람들뿐만 아니라 벼슬아치들에게도 까마득히 높은 벼슬이었다. 조선에서 신하로서 더 이상 오를 수 있는 벼슬은 없었다. 이처럼 가장 높은 벼슬이었기에 가장 좋은 자리나 상태를 뜻하는 속담으로 남을 수 있었다. 동시에 조선 시대 사람들은 그 좋은 자리가 얼마나 따내기 어려운지, 그렇게 어렵게 따내더라도 그 자리가 영원하지 않다는 사실도 함께 속담으로 남겨두었다.

# ||| 2 |||
## 평양감사:
### 평양감사도 저 싫으면 그만이다

"평양감사도 저 싫으면 그만이다"는 아무리 좋은 벼슬이라도 자기 마음에 들지 않으면 할 수 없다는 뜻의 속담이다. 평양감사가 대체 얼마나 좋은 벼슬이기에 이런 속담이 만들어진 것일까? 평양감사는 앞서 살펴본 정승에 버금가는 높은 벼슬이었다. 하지만 조선에서 현직 정승 자리는 단 세 개였던 반면 평양감사만큼 높은 벼슬은 다른 관청에도 여럿 있었다. 그래서 단순히 평양감사가 높은 벼슬이기 때문에 '좋은' 벼슬이라고 말하기 어렵다. 왜 평양 감사가 그렇게 좋았을까? 먼저 평양감사라는 이름부터 살펴보자.

# 평안도를 맡은 감사와 평양에 있는 감사

평양감사平壤監司. 평양은 지금도 북한에 남아 있는 고을 이름이고 감사는 벼슬 이름이다. 감사의 정식 명칭은 관찰사觀察使였다. 관찰사는 종2품 벼슬로 한 도를 맡아서 관리했다. 몇몇 독자는 벌써 이상함을 감지했을 수 있다. 관찰사는 한 도를 담당했는데 어떻게 평양감사가 있을 수 있는가? 평양은 도 이름이 아니라 고을 이름이지 않은가?

여러 매체와 글에서 평양감사가 옳지 않은 표현이라는 지적이 있었다. 진지하게 따지면 맞는 말이다. 조선 벼슬 구성과 배치를 생각하면 평양감사는 있을 수 없는 표현이다. 하지만 평양감사는 우리말에 남아 계속 쓰였다. 전승되는 여러 이야기에 평양감사가 심심찮게 등장하며, 오늘날 충청남도 무형유산으로 남아 있는 인형극 〈서산박첨지놀이〉에도 평양감사가 등장한다. 심지어 19세기 말 조선에 와서 최초의 근대 병원인 제중원을 세우고 주한미국공사로 일했던 앨런Horace N. Allen(1858~1932)은 평안도 관찰사를 가리켜 "Governor of Peng-Yang"이라고 번역했다. 공식 벼슬 이름에 있는 '평안'이나 '평안도'가 아니라 굳이 '평양Peng-Yang'이라고 표기한 앨런의 번역어 선택이 흥미롭다. 이런 점에서 평양감사라는 표현이 옳지 않더라도 왜 그 표현이 생겨나 널리 쓰였는지 살펴볼 필요가 있다. 정말 평양감사는 절대 성립할 수 없는 잘못된 표현일까? 사람들이 발음이 비슷한 평안과 평양을 마음대로

우리말에 깃든 조선 벼슬 ──●

섞어 쓴 것일까?

　조선 시대 평양은 평양부平壤府였고, 소속한 도는 평안도였다. 그러므로 평안도 관찰사를 줄여서 다른 말로 쓴다면 평안도 감사 혹은 평안감사 정도가 옳은 표현이다. 조선의 공식 문서에서 평안도 관찰사를 줄여서 쓸 때 평양감사라고 쓴 적은 없었다. 반면 평안감사라고 쓰는 경우는 쉽게 발견할 수 있다. 다른 나머지 일곱 개 도에 있는 관찰사도 마찬가지였다. 전라도 관찰사는 전라감사, 경상도 관찰사는 경상감사, 강원도 관찰사는 강원감사로 줄여 썼다.

　문제는 평양감사를 '평안도를 맡은 감사'를 가리키는 말이라고 보면 틀린 표현이지만, '평양에 있는 감사'를 가리키는 말이라고 보면 아예 틀린 표현이라고 할 수 없다는 것이다. 이 미묘한 차이를 이해하기 위해서는 조선 시대 관찰사의 근무 방식을 살펴볼 필요가 있다.

　원래 조선 초기 관찰사는 정해진 관찰사의 관청(감영監營)에 머무르지 않고 도 전체를 돌아다니면서 각 고을의 수령들을 평가하고 감찰하는 업무를 했다. 관찰사의 임기는 1~2년이었다. 도에 따라 적게는 40여 개, 많게는 70여 개가 넘는 고을들을 임기 안에 다 둘러보려면 한 장소에 오래 머무를 새가 없었다. 감영에는 관찰사 대신 종5품 도사都事가 머물면서 관찰사를 보좌하여 세부 업무를 처리했다.

　여덟 개 도 가운데 평안도와 영안도永安道(훗날 함경도)는 관찰사가 고을 수령을 겸직했다. 즉 관찰사가 도 안에 있는 핵심 고을을 직접 다스리면서 동시에 관찰사 업무를 했다. 평안도와 영안도가 나라의 북쪽 경계를 이루는 특수한 지역이었기 때문이다. 평안도

[그림 16] 〈기성도병箕城圖屛〉
평양성과 대동강 전경, 평안도관찰사가 대동강에서
뱃놀이하는 장면 등을 가로로 긴 화폭에 묘사한 조선 시대 8첩 병풍.
제1첩은 평양성 밖, 2~5첩은 내성內城, 6첩은 중성中城,
7~8첩은 외성外城의 모습을 표현했다. 제2첩 아랫부분에
평안도 관찰사(평양감사)의 뱃놀이 장면이 담겨 있다.
* 소장처: 서울역사박물관

우리말에 깃든 조선 벼슬 ──●

관찰사는 평양 부윤府尹을 겸직했고, 영안도 관찰사는 잠시 영흥 부윤을 겸직하기도 했지만 대부분 함흥 부윤을 겸직했다. 이런 점을 감안하면 평양감사는 평안도 관찰사가 수령으로서 평양에 머물며 업무를 수행하는 관찰사였기에 '평양에 있는 감사'라는 뜻을 담은 호칭이 아니었을까 싶기도 하다.

하지만 이것만으로 모든 문제가 해결되지 않는다. 조선 후기에 이르면 나머지 여섯 개 도도 관찰사가 각각 대표 고을의 수령 자리를 겸직했기 때문이다. 앞서 전개한 평양감사와 같은 논리에 따르면, 나머지 일곱 개 도 관찰사도 비슷한 별명이 남아 있어야

한다. 그런데 전라도 관찰사 감영은 전주에 있었지만 '전주감사'라는 표현은 찾기 어렵고, 마찬가지로 경상도 관찰사 감영은 대구에 있었지만 '대구감사'라는 호칭은 알려지지 않았다. 전주나 대구는 평양보다 관찰사가 그 고을에 머문 지 오래되지 않았기 때문일까? 그렇게 본다면 영안도는 어떤가? 영안도 관찰사도 평양만큼 함흥에서 오랫동안 업무를 보았으나 역시 '함흥감사'라는 표현은 확인할 수 없다.

조선 시대 관찰사의 근무 방식을 보면, '평양감사'가 아예 성립할 수 없는 표현은 아니었다. 평양감사는 벼슬을 가리키는 공식 명칭은 아니었지만 '평양에 있는 감사'를 가리키는 별명으로 쓰일 수 있었다. 그러나 나머지 관찰사 모두가 평양감사처럼 고을 이름을 딴 별칭을 가지지 못했다. 결국 평양감사는 '평양에 있는 감사'라는 표현을 가능하게 한 조선 시대 관찰사의 근무 방식, 그리고 여기에 더해 평양이라는 고을의 특수성을 바탕에 둔 호칭이었다고 할 수 있다.

## 왜 팔도 감사 가운데 평양감사가 제일 좋았을까

조선 시대 평양은 이미 조선 초기부터 인구가 1만 명이 넘는 큰 고을이었다. 18세기에는 2만 명이 넘어 도읍 한성과 옛 도읍 개성 다음으로 인구가 많은 고을이었다. 게다가 평양은 전국 고을 가운데 가장 넓었다. 평안도뿐만 아니라 전국에서 보더라도 손에 꼽히는 큰 고을이었다. 사실 조선 초기 평양은 규모를 제외하면 특출난 장점이 있다고 보기 어려운 고을이었다. 그런데 17세기에 이르러 다른 고을과 차이가 벌어질 정도로 빠르게 성장하기 시작했다. 아마도 이때 평양감사라는 별칭도 생기고 널리 알려지지 않았을까 싶다.

평양이 다른 고을보다 크게 발전할 수 있었던 배경은 크게 두 가지였다. 하나는 평양을 중심으로 하는 교통망이었다. 다른 하나는 평안도에서 거둔 세금을 도읍에 보내지 않고 평안도에서 사용하는, 이른바 잉류仍留 조치였다. 먼저 교통망부터 살펴보자. 평양은 의주와 한성 사이를 잇는 한반도 육로 교통의 중심지였다. 신경준申景濬(1712~1781)은 《도로고道路考》(1770)에서 평양을 거치는 의주제일로義州第一路를 조선의 핵심 도로 여섯 개 가운데 첫 번째로 꼽았다. 의주제일로는 한성부터 의주까지 이어지는 길로, 수레를 끌 수 있을 정도로 넓게 잘 닦여 있었다. 평양은 이 길을 통해 북쪽으로는 의주, 남쪽으로는 한성 및 한반도 남부와 연결될 수 있었다. 해로 교통 역시 원활했다. 원래 평양의 해로는 험난한 장산곶 때문에 애로사항이 많았다. 하지만 18세기 후반 항해술 및 조선술의 발전으로 관련 문제가 해결되었다. 이로써 평양은 육로뿐만 아니라 서해 해로를 이용하여 한성 및 한반도 남부와 연결될 수 있었다.

교통 덕분에 평양은 조선 전역의 유통망에 쉽게 접근할 수 있는 고을이 되었다. 이 유통망은 조선 국내는 물론, 중국(명·청)-조선-일본을 잇는 교역로로 활용되었다. 중국과 마주한 의주에서 시작하는 이 교역로는 평양, 개성, 한성, 동래(오늘날 부산)를 거쳐 일본 쓰시마섬까지 이어졌다. 이 교역로를 따라 16세기 후반부터 폭발적으로 생산되기 시작한 일본 은銀이 조선에 쏟아져 들어왔다. 일본 은은 조선을 거쳐 중국으로 유통되었고, 이 은을 매개로 중국-조선-일본 사이의 교역이 활발하게 진행되었다. 평양의 유상柳商, 한성의 경상京商, 개성의 송상松商, 의주의 만상灣商, 동래의 내상萊商 등 유명한 상인 집단도 이러한 배경 속에서 만들어졌다. 두 번의 전쟁(왜란과 호란)과 왕조 교체 등 국제 정세 변화와 은 생산량 감소로 교역에 부침이 있기는 했지만, 이 교역로는 19세기 후반 이른바 '서구 열강'이 조선에 본격적으로 압력을 행사하기 전까지 유지되었다.

이중환李重煥(1690~1756)은 《택리지擇里志》(1751)에서 평양에 한성과 개성 다음으로 부유한 상인이 많다고 했다. 그리고 이들은 북쪽으로 청, 남쪽으로 일본과 연결하여 천하의 물자를 끌어들이고 이를 바탕으로 재물을 모으고 있다고 기록했다. 국제 교역이 활발해지기 전부터 이미 평양은 인구가 많고 땅도 넓은 큰 고을이었는데, 이제 각종 물산을 유통하는 중심지의 지위까지 확보했다. 막대한 부가 평양에 쌓일 수 있는 조건이 착착 갖추어진 셈이다.

다음으로 잉류 조치이다. 다른 도와 달리 평안도는 명나라부터 청나라에 이르기까지 중국 사신들이 한성에 가기 위해 반드시 지나는 지역이었다. 또 동시에 조선 사신들이 중국으로 가는 길목이었다. 양국 사신들은 한 차례 왕복에 그칠 때도 있었지만, 사안에 따라 한해에 여러 차례 평안도를 통과할 때도 있었다. 평안도의 사신 접대 부담은 상당했다. 게다가 평안도는 나라의 북쪽 경계였기 때문에 국방을 위한 비용도 필요한 곳이었다. 이에 조선은 평안도의 경우 다른 도처럼 도읍 한성에 세금을 보내지 말고 평안도 안에서 필요한 비용을 조달하도록 했다. 이것을 잉류라고 했다. 결국 평안도는 17세기 중반 이후 부가 급격하게 늘어났음에도 그 부를 바깥으로 내보내지 않는 상황이 되었다. 그리고 그 중심에 관찰사가 머무는 평안도의 핵심 지역, 평양이 있었다.

평양에 돈과 물자가 모이면서 문화적 기반도 단단해졌다. 상인뿐만 아니라 조선에서 청으로 가는 사신들, 청에서 조선으로 오는 사신들이 오가면서 평양은 당대 지식인들이 교류하는 지역이 되었다. 평양의 명승지는 다른 지역 사람들에게 유람하고 싶은 공간이 되었고, 이에 명승지를 그림에 담아 판매하는 화가들도 왕성하게 활동했다.

당시 이러한 평양의 발전과 평양감사의 위상을 보여주는 대표 유물이 바로 김홍도金弘道(1745~?)가 그렸다고 알려진 〈평안감사향연도平安監司饗宴圖〉이다. 〈평안감사향연도〉는 평양감사가 마련했던 화려하고 웅장한 잔치 풍경을 묘사하고 있다. 평양 대동강의 뱃놀이, 강변에 위치한 부벽루浮碧樓와 연광정練光亭에서 치러진 잔치 모습 등은 평양감사의 위세가 어느 정도였는지를 짐작하게 해준다.

116

[그림 17] 〈평안감사향연도平安監司饗宴圖〉
대동강에서 평안감사가 베푼 잔치 모습을 담은 그림.
대동강 위에는 평안감사가 탄 배를 중심으로 악기를 연주하는
악대 및 관선官船이 늘어서 있고 뒤로는 관기官妓들이 탄 배,
음식을 준비하는 배, 사대부나 아전들이 탄 작은 배들이 따르고 있다.
강가에서도 사람들이 횃불을 들고 있으며, 성 안 마을 집집마다 환영 깃발이 세워져 있다.
평안감사의 위세가 어느 정도였는지를 엿볼 수 있다.

* 소장처: 국립중앙박물관

요컨대 평양감사는 임금의 명으로 한 도를 맡은 종2품 관찰사로서 권력과 명예가 있었을 뿐만 아니라 평안도의 풍부한 물산을 활용할 수 있었다. 그리고 그 부에 따라오는 고급문화 역시 누릴 수 있었다. 조선 팔도 관찰사 가운데 평양감사와 비교할 수 있는 관찰사는 없었다. 그래서 팔도 관찰사 가운데 딱 집어 평양에 있는 평양감사를 소재로 한 속담이 생겨날 수 있었다. 하지만 정승과 관련한 속담과 마찬가지로 평양감사 역시 그 '좋은 것'이 영원하지 않다는 뜻을 지닌 속담도 함께 남아 있다. "평양감사보다 소금장수가 낫다"는, 그렇게 좋은 자리여도 관찰사 임기는 2년을 넘기지 못하니, 차라리 오래 변하지 않는 소금을 파는 장사치가 낫다는 뜻이다.

우리말에 깃든 조선 벼슬 ──●

# 04

## 백성과 맞닿은 벼슬

이번 장은 백성들의 삶과 아주 가깝게 맞닿아 있어서 속담에 깃든 벼슬을 살펴본다. 수령은 한 고을을 책임지고 다스리는 벼슬이었다. 사극이나 〈춘향전〉, 〈장화홍련전〉 등 전래동화에 원님 혹은 사또라는 이름으로 종종 등장하는 벼슬아치가 바로 이 수령 자리에 있는 사람이었다. 포도청은 조선시대 도읍인 한성漢城의 치안을 담당한 관청이었다. 포도청은 한편으로 도적을 잡고 치안을 유지하여 백성들 삶에 도움을 주기도 했지만, 다른 한편으로 치안을 유지한다는 명목 아래 백성들에게 패악을 부리기도 했다. 그래서 백성들에게 포도청 소속 벼슬아치들은 두려운 존재였다. 차사원은 특별한 업무를 위해 임시로 파견하는 벼슬아치로, 세금 관련 업무나 토목공사 등의 실무자로서 백성과 마주했다. 이 벼슬들은 백성들과 직접 마주하고 부대끼는 자리였기 때문에 사람들 입에 자주 오르내릴 수밖에 없었다. 그만큼 속담으로 남기도 쉬웠다.

## ||| **1** |||

# 수령:
## 원님 덕에 나팔이라

"원님 덕에 나팔이라"는 사또와 동행한 덕분에 요란한 나팔 소리와 함께 호화로운 대접을 받는다는 뜻으로, 남의 덕으로 당치도 않은 행세를 하게 되거나 그런 대접을 받고 우쭐대는 모습을 비유적으로 이르는 말이다. 비슷한 속담으로 "사또 떠난 뒤에 나팔 분다"가 있다. 이는 마땅히 해야 할 일을 제때가 지난 뒤 하는 모습을 조롱하여 이르는 말이다. 어쨌든 원님과 사또는 누군가가 신나게 나팔을 불 수 있게 하는 존재다. 왜 원님 혹은 사또 덕분에 나팔을 불 수 있었을까? 원님과 사또는 어떤 벼슬일까?

# 원님, 사또, 수령

원님과 사또는 모두 조선 시대 각 지방 고을을 다스리는 외관外官, 수령을 가리킨다. 둘 다 수령의 별명이다. 원님은 관원의 '원員'에 '-님'을 붙여 높여 부르는 말이었을 가능성이 크다. 한성 근처에 살지 않는 백성들이 직접 마주할 수 있는 가장 높은 현직 벼슬아치는 수령이었기 때문이다. 물론 수령의 상관上官으로 1개 도를 담당하는 관찰사와 군사를 담당하는 병마사兵馬使가 있었고, 고을 사이 교통을 관리하는 찰방察訪 중에서도 수령보다 지위가 높은 벼슬아치가 있었다. 다음에 살펴볼 차사원差使員처럼, 종종 특별한 임무를 위해 임시로 파견된 벼슬아치도 있었다. 하지만 이들은 백성들이 수령만큼 흔하게 접할 수 있는 벼슬아치는 아니었다.

사또는 우두머리를 높여 일컫던 우리말로, 한 고을의 수령을 가리키는 말로 쓰였다. 한 고을의 가장 높은 우두머리 벼슬아치가 바로 수령이었으니, 수령은 사또라고 불릴 만했다. 한자로는 우리말 소리를 빌려 사도使道라고 썼다. 〈춘향전〉에 등장하는 '어사또'라는 표현도 여기서 파생되었다. 어사또에서 '어'는 임금을 뜻하는 어御였다. 즉 어사또는 임금의 명령, 즉 어명을 받고 온 우두머리 정도로 이해할 수 있겠다.

결국 원님, 사또, 수령은 모두 같은 벼슬아치를 가리킨다. 오늘날까지 전해지는 속담이나 각종 이야기에 등장하는 수령은 정식 명칭보다 이러한 별명으로 등장할 때가 많다. 오래된 이야기들을 살펴보면, 수령이 이야기를 전개하는 데 중요한 역할을 할 때가 많고, 이야기의 중심인물이 아니더라도 그야말로 '지나가는' 인물로 한 번쯤 등장하게 마련이다. 이는 그만큼 수령이 백성들 일상과 아주 가까운 벼슬아치였다는 사실을 보여준다.

다만 수령이라고 모두 다 같은 수령은 또 아니었다. 고을 등급에 따라 파견되는 수령 등급도 달랐다. 시기에 따라 조금씩 차이가 있는데, 조선에는 대략 330여 개 고을이 있었다. 이는 수령 자리에 있는 사람이 330여 명에 달했다는 뜻이다. 오늘날처럼 이 300개가 넘는 고을은 인구, 크기, 지형, 기후 등이 서로 달랐다. 조선은 효율적인 통치를 위해 여러 기준을 세워 고을을 크게 네 등급으로 나누었다. 등급이 높은 순서대로 보면 목牧, 부府, 군郡, 현縣이었다. 목을 맡은 수령은 정3품 목사牧使 혹은 대도호부사大都護府使, 부는 종3품 도호부사都護府使 혹은 부사府使, 군은 종4품 군수郡守, 현은 종5품 현령縣令과 종6품 현감縣監이었다. 이들을 모두 아울러 수령이라고 했다.

[표 2] 조선 시대 고을 등급

| 고을 등급 | 수령 | 고을 예시 |
| --- | --- | --- |
| 목 | 목사, 대도호부사(정3품) | 수원, 충주, 안동 등 |
| 부 | 도호부사, 부사(종3품) | 인천, 남원, 춘천 등 |
| 군 | 군수(종4품) | 안성, 단양, 평창 등 |
| 현 | 현령(종5품) | 울진, 용인, 거제 등 |
| 현 | 현감(종6품) | 가평, 군위, 화순 등 |

[그림 18] 〈동래부사접왜사도東萊府使接倭使圖〉(부분)

조선에 온 일본 사절을 대접하기 위해 동래부사가 초량의 왜관으로
길을 나서는 장면과 왜관 객사에서 사절 일행이 절하는 광경 등을 시간적 구성에 따라 그린 그림.
윤산輪山 아래 자리한 동래성에서 동래부사가 관원들을 앞세우고 초량왜관 설문設門으로
들어가는 행렬 장면을 묘사한 부분이다. 동래부사는 종3품 수령이었다.

＊소장처: 국립중앙박물관

예시로 든 고을에서 볼 수 있듯이 조선 시대 수령들이 맡은 고을 대부분은 지명이 그대로 남아 있다. 오늘날 사용하는 지명 가운데 상당수가 태종 대(1401~1418)에 정리한 지명이기 때문이다. 물론 시간이 지남에 따라 고을의 경계와 크기는 달라졌고 아예 사라진 고을도 있다. 하지만 경기도에 있던 고을을 갑자기 경상도로 옮기거나 하지는 않았다. 그러므로 조선 시대 사료에 기록된 수령의 부임지 위치를 오늘에 와서도 대략 알 수 있다. 예를 들어 종6품 현감이 부임했던 전라도 고창현高敞縣은 지금도 전라북도 고창군으로 이름이 남아 있다.

그렇다면 수령 한 사람이 맡아서 다스린 인구는 어느 정도였을까. 18세기 조선 전국의 인구 정보를 기록한 《호구총수戶口總數》(1789)라는 책이 있다. 이 책에 나온 경기도의 정보를 정리하면, 경기도는 38개 고을에 64만 2,069명의 인구가 있었다. 단순하게 계산하면 고을 하나당 평균 1만 6,000여 명 정도가 있었고, 수령 한 사람이 평균적으로 이 정도 규모의 백성을 다스렸다고 볼 수 있다. 《호구총수》가 실제 인구수 파악보다는 세금 행정에 초점을 둔 책이었고, 고을마다 인구 편차도 제법 컸기 때문에 이 숫자가 정확하지는 않다. 다만 수령이라는 벼슬의 지위와 업무를 이해하는 데 참고할 수는 있겠다.

# 나팔을 불 만한 수령의 힘

수령은 임금의 '대리인'이었다. 수령은 임금의 뜻을 받들어 한 고을 백성을 다스리는 존재였다. 가장 낮은 수령인 현감의 등급, 종 6품 벼슬은 도읍 한성으로 오면 그렇게 높은 벼슬은 아니었다. 하지만 부임한 고을에서는 결코 낮은 벼슬이 아니었다. 한성에서도 수령을 한 명의 벼슬아치가 아니라 하나의 관청으로 대우했다.

임금의 '대리인'이었던 터라 수령의 권한과 업무도 임금의 축소판이었다. 오늘날로 비유하면, 수령은 한 고을의 군사, 행정, 사법을 모두 담당했다. 가장 기본적인 업무는 세금 징수였다. 그 밖에 중앙에서 내려오는 명령을 수행하고 결과를 보고해야 했다. 외적이 침입하면 고을 군인들을 동원하여 방어에 나서야 했다. 그 고을과 인근 고을에서 일어나는 범죄나 재산을 둘러싼 소송을 진행하는 재판관도 수령이었다. 그래서 사극이나 전래동화에서 억울한 일이나 원한이 생긴 사람이 사또를 찾아가 하소연하고 심지어 귀신마저도 사또를 찾아가는 장면이 나왔던 것이다. 여기에 더해 수령은 고을에서 진행하는 각종 국가의례도 주관했다. 고을의 전반적인 분위기를 관리하는 일도 수령의 몫이었다. 특히 사회윤리를 해치는 심각한 범죄가 일어나지 않도록 항상 살펴야 했다. 벼슬에 나아갈 인재를 키우는 교육뿐만 아니라 일반 백성들에 대한 교육도 게을리해서는 안 되었다. 이처럼 수령에게 부여된 공식적인 권한과 업무만 살펴봐도 수령이 자신의 담당 지역에서 행사했을 권력의 크기를 쉽게 상상할 수 있다. 수령은 고을에서 '작은 임금'이나 다름없었다.

따라서 새로운 수령의 부임은 고을에서 상당히 중요한 일이었다. 새로운 수령이 고을에 부임할 때면 으레 환영 잔치가 열렸다. 고을의 향리鄕吏들은 마중을 나갔다. 만약 그 수령이 한성에 있을 때 벼슬을 받으면, 향리들은 한성까지 올라가서 수령을 맞이하곤 했다. 새 수령이 향리의 안내를 받아 고을 어귀에 들어서면, 나팔수가 행차 앞에서 나팔을 불어 길을 열었다. 나팔은 임금의 명령을 받은 자, 즉 사명使命을 띤 자를 위한 악기였다. 고을 사람들은 나팔 소리를 듣고 새 수령이 누구인지 보기 위해 몰려나왔다. 수령과 함께 일하게 될 사람들은 새로운 상사가 어떤 사람인지 확인하려고 했다. 고을 양반들은 수령의 경력, 교양 수준, 가문 등을 살펴보려고 했다. 백성들은 수령이 어떤 사람인지, 세금 부담을 줄여줄 사람인지, 자기 이익만 챙기려는 사람인지, 쓸데없는 공사를 일으킬 사람인지 분위기를 가늠하려고 했다.

행차 앞에서 나팔을 불어 길을 여는 일은 나팔수의 몫이었다. 수령 앞에 서는 나팔수는 모든 고을 사람이 들으라는 듯 힘차게 나팔을 불었고, 수령이 탄 말을 끄는 사람은 마치 자신이 수령인 양 몰려드는 사람들에게 호통을 치면서 물러나게 했다. 이들은 수령의 행차가 아니었다면 평소에 할 수 없는 행동을 수령 덕분에 할 수 있었다. 정말 원님 덕에 나팔도 크게 불어보고 여기저기 호령도 해보았던 셈이다.

[그림 19] 〈안릉신영도安陵新迎圖〉(부분)
조선 시대 새로 부임하는 수령의 행차를 그린 행렬도.
1785년 악산헌樂山軒(누군가의 호로 추정된다. 호의 주인은 밝혀지지 않았다)의 아버지가
안릉安陵(평안도 안주의 별칭. 오늘날 북한 평안남도 안주시 일대)의 목민관牧民官, 즉 수령으로 부임했을 때,
그 행렬의 성대함을 보고 악산헌이 화원 김홍도에게 그리게 했다는 글이 적혀 있다.
나팔수와 거딜의 모습이 보인다.
* 소장처: 국립중앙박물관

조선 시대에 말[馬]을 끌어주는 사람은 '거덜'이라고 불렀다. '거들먹거리다'와 '거덜내다'라는 말이 여기서 나왔다. 거덜이 '거들먹거리며' 어깨를 흔들어대는 모습에서 살림이 흔들린다는 뜻까지 이어졌다. 《만주족 이야기》(2018)에 따르면, 거덜은 말을 끄는 하인과 사복시司僕寺 소속 벼슬아치 견마배牽馬陪를 가리켰다. 몽골어에서 말을 끄는 사람을 가리키는 '쿠투치kötöci'에서 유래했다고 추정된다. '쿠투'는 말을 끈다는 뜻이고, '치'는 사람을 가리킨다. 벼슬아치의 '치'도 이 '치'이다.

결국 이렇게 수령 행차에 나서는 나팔수는 속담, 거덜은 거들먹거린다는 말로 우리말에 새겨져 있다. 오늘날과 마찬가지로 조선 사람들도 강자 옆에 섰다는 이유 하나로 행동과 태도가 달라지는 사람 꼴을 상당히 고깝게 여긴 듯하다.

나팔수와 거덜과 같은 사람들은 매일 수령 행차와 잔치가 있기를 바랐을지도 모르겠다. 그러나 행차를 이끌고 잔치를 여는 비용은 어디에서도 지원해주지 않았다. 수령이 자주 바뀌면 그만큼 고을 백성들에게 큰 부담일 수밖에 없었다. 그래서 조선은 수령의 잦은 교체를 제한하려고 노력했다. 수령은 60개월, 꼬박 5년을 근무해야 한다고 못 박았다. 하지만 현실은 5년의 반절을 채우는 일도 간단하지 않았다. 아무리 고르고 골라서 보내더라도 300여 명에 달하는 수령 모두가 뛰어난 능력과 흠잡을 데 없는 도덕성을 갖추는 건 불가능에 가까웠다. 고을의 상황과 분위기를 속속들이 알고 있는 향리에게 휘둘리는 수령도 있었고, 자기 이익을 챙기

느라 백성들 삶은 뒷전인 수령도 있었다. 이러한 수령들은 임기를 다 채우지 못하고 문제가 생겨 쫓겨나는 경우가 많았다. 일부 수령은 익숙한 집에서 멀리 떠나온 탓인지 병을 얻어 벼슬을 그만두기도 했다. 오랜만에 능력 좋은 수령이 부임했다 싶으면 얼마 지나지 않아 높은 자리로 옮기는 일도 적지 않았다.

## 떠날 때는 나팔이 없다

처음 부임할 때 모습은 어떤 수령이든 비슷했다. 하지만 떠날 때 모습은 제각각이었다. 어떤 수령은 나팔은커녕 죄를 지어 벼슬을 잃고 쫓겨났다. 죄질에 따라 심한 경우 말에 오르지도 못한 채 관찰사가 있는 감영監營이나 한성까지 끌려가서 매를 맞고 쫓겨나기도 했다. 고을 백성들이 관찰사를 찾아가 직접 수령의 잘못을 고발하는 일도 있었다. '임금님 귀는 당나귀 귀' 이야기처럼 백성들은 야심한 밤에 관찰사가 자고 있는 건물 뒷산에 올라 고을 수령에 대한 욕설을 한바탕 퍼붓기도 했다. 아무리 관찰사가 신경 쓰지 않으려고 해도 밤잠을 이루지 못하게 하니 그 수령을 한 번이라도 더 살펴봐야겠다고 여기지 않았을까.

어떤 수령은 중앙에서 큰 벼슬을 받아 영전하여 떠나더라도 백성들이 서운한 기색 하나 없이 앓던 이가 빠진 것처럼 좋아했다. 반면 어떤 수령은 백성들이 비석을 세워주고 이별을 아쉬워했다.

백성들은 송덕비頌德碑, 공덕비功德碑, 선정비善政碑 등으로 불리는 비석을 세우고 그가 고을 수령으로 재직할 때 어떤 업적을 남겼는지 새겼다. 수령이 교체되지 않고 오래오래 고을에 머물기를 바란다는 글을 써서 한성에 전달하기도 했다. 처음에는 정말 백성들이 고마운 마음에 자발적으로 비석도 세우고 글도 썼다. 하지만 나중에는 비석이 점점 벼슬아치의 '스펙'으로 간주되는 폐해가 발생하기도 했다. 1894년(고종 31) 전봉준全琫準(1855~1895)이 이끄는 농민들이 전라도 고부 군수 조병갑趙秉甲(1844~1911)을 쫓아내려고 시도한 까닭 가운데 하나가 바로 이 송덕비였다. 조병갑은 고부 옆 태인에서 군수를 지냈던 자기 아버지의 송덕비를 세운다며 백성들을 강제로 동원하고 돈을 걷었다. 이때 일어난 이른바 '고부민란'이 동학농민운동의 시작이었다.

우리말에 깃든 조선 벼슬 ──●

# ||| 2 |||
# 포도청:
## 목구멍이 포도청

"목구멍이 포도청"은 먹고살기 위해 해서는 안 될 짓까지 하지 않을 수 없음을 이르는 말이다. 먹고사는 문제가 걸리면 사람은 어떤 일이든 할 수 있다. '목구멍'은 곤히 자고 있던 사람을 억지로 일으켜 일터에 나가게 하는 원동력이기도 하지만, 범죄를 저지르는 구실이 되기도 한다. 어떤 쪽이든 '목구멍'은 사람을 움직이는 힘이 있다. 먹고사는 문제가 해결되지 않으면 사람이 얼마나 독해질지, 또 얼마나 무서워질지 본인조차 가늠할 수 없다. 목구멍은 두려울 수밖에 없는 존재다. 그런데 그렇게 두려운 목구멍을 포도청에 비유하다니, 사람들에게 포도청이 얼마나 두려운 관청이었는지 짐작할 수 있는 대목이다. 포도청은 어떻게 두려움의 대상이 되었을까?

# 도적을 잡는 관청

포도청은 조선의 도읍 한성漢城과 한성 주변에서 도적을 예방하고 소탕하기 위해 만들어진 관청이었다. '도적[盜]을 잡는다[捕]'는 포도捕盜라는 한자에 이 뜻이 모두 들어있다. 지금으로 비유하면 서울과 수도권의 치안을 맡은 경찰청에 가깝다고 할 수 있겠다. 그런데 포도청은 조선 건국부터 설치된 관청은 아니었다. 관청으로서 포도청이 설치된 시점은 명확하지 않다. 하지만 적어도 16세기 중종 대(1506~1544)부터 관청의 존재를 확인할 수 있다.

그렇다면 포도청이 없는 동안 한성의 치안은 아무도 관리하지 않은 것일까? 당연히 그렇지 않다. 포도청이 없었을 때 한성의 치안은 한성부漢城府에서 맡았다. 사헌부와 형조도 한성의 치안 업무에 관여했다. 지방의 경우 각 고을 수령이 치안을 맡았다. 도적을 잡는 일도 수령의 업무 가운데 하나였다.

포도청이 생기기 전에는 포도장捕盜將이라는 임시 벼슬이 있었다. 1470년(성종 1) 적성현積城縣(오늘날 경기도 파주 근처)에 도적 30여 명이 나타나 재물을 약탈하고 황해도로 도주한 사건이 일어났다. 도적들은 수령이 있는 관아까지 공격했다. 조선이 건국된 후 크고 작은 도적이 계속 출현했지만 관아까지 습격한 경우는 흔치 않았다. 이 도적들은 경기도에서 일을 벌이고 황해도로 건너갔다. 관아를 습격할 정도로 규모가 있는 도적 떼가 도와 도의 경계를 넘나들면 한 고을의 수령이 홀로 대응하기 어려웠다.

이에 성종은 장수들 가운데 몇몇을 포도장으로 지정하여 도적이 출몰한 지역에 파견했다. 포도장은 군대를 이끌고 가서 도적 떼를 찾아내 소탕했다. 임무를 마친 포도장들은 원래 벼슬로 돌아갔다. 이러한 임시 벼슬은 때에 따라 설치하여 유연하게 운용할 수 있다는 장점이 있었지만 폐단도 적지 않았다. 예를 들어, 성종 대(1469~1494) 포도장으로 성과를 낸 이양생李陽生(1423~1488)은 도적을 잡는다는 핑계로 군사를 마음대로 부리고, 도적이 아닌 사람도 함부로 데려다 심문하는 등 행패를 부려 파직되었다. 정식 벼슬이 아니었기에 권한이 어느 정도인지가 애매한 탓이었다. 반면 도적 소탕이라는 명분과 목표는 아주 뚜렷했다. 그래서 누가 포도장이 되느냐에 따라 권한을 잘 이용하기도 혹은 남용하기도 했다.

중종 대(1506~1544) 정식으로 설치한 포도청의 임무는 도적과 수상한 자를 감시하고 체포하는 것이었다. 도적이 빈번하게 발생할수록 도적을 색출하는 포도청의 기능이 강조되었다. 포도청은 좌변포도청左邊捕盜廳과 우변포도청右邊捕盜廳으로 나뉘어 한성과 그 주변을 순찰했다. 좌변포도청은 사대문 안 동부·남부·중부를, 우변포도청은 북부·서부를 중심으로 담당 구역을 설정했다. 18세기에는 포도청의 순찰 구역이 한강 유역까지 확대되었다. 여전히 한성부, 사헌부, 형조 등도 직·간접적으로 치안 유지에 힘을 보탰고 훈련도감訓鍊都監 등 각 군영軍營도 순찰에 참여했지만, 사람들이 자주 마주하는 관청은 포도청이었다.

# 뭉치면 도적이요, 흩어지면 백성

이렇게 포도청을 정식으로 설치하고 순찰 구역까지 늘려나갈 정도로 조선 시대에 도적이 많았을까? 도적에 대한 기록은 조선 시대 내내 숱하게 등장한다. 이는 실제로 도적이 많았던 시기가 있었기 때문이기도 하지만, 벼슬아치들이 농사나 어업 등 고정된 경제활동을 하지 않고 여러 지역을 돌아다니는 집단을 모두 도적 떼로 간주했기 때문이기도 하다. '농자천하지대본農者天下之大本', 농사를 가장 중요하게 생각하는 나라에서 특별한 일 없이 농사를 짓지 않고 돌아다니는 사람은 잠재적 범죄자나 다름없었다.

그래서 똑같이 도적으로 불릴지라도 형태와 성격이 각각 달랐다. 가뭄이나 홍수 등 자연재해에 따른 흉년을 극복하기 위해 도적이 된 '생계형' 도적도 있었고, 과도한 세금 부과나 군역軍役 징집 등 나라 정책에 맞서기 위해 도적이 된 '저항형' 도적도 있었다. 물론 이것은 명분일 뿐, 그저 약탈을 업으로 삼아 즐기는 도적도 있

[그림 20] 〈도성도都城圖〉
조선 후기(18세기)에 제작된 《여지도與地圖》 제1첩에 수록되어 있는 서울 전경 지도. 좌변포도청(좌포청)은 한성부 중부 정선방貞善坊 파자교把子橋 동북쪽(현 서울 종로구 수은동授恩洞 단성사 부지 일부와 종로3가 치안센터 부지)에, 우변포도청(우포청)은 한성부 서부 서린방瑞麟坊 혜정교惠政橋 서남쪽(현 서울 종로구 종로1가 광화문 우체국 자리)에 위치해 있었다. 지도에는 '포청捕厅'으로 표기되어 있다.
* 소장처: 국립중앙박물관

었다. 이 가운데 도와 도를 넘나들 정도로 규모가 큰 도적 떼도 있었고, 몇 개 고을을 벗어나지 않는 작은 규모의 도적도 있었다. 임꺽정林巨叱正(?~1562)처럼 의적으로 불리는 도적이 나타나 나라 전체를 뒤흔들기도 했다. 이러한 도적들은 한 번 도적이면 영원히 도적으로 지냈던 것이 아니라 백성과 도적을 오고 갔다. 또 스스로 도적이 되지는 않았지만 알게 모르게 도적을 지원하는 사람도 있었다. 조선 시대 도적의 범주는 상당히 넓었고 어떤 방식으로든 나라의 통제를 벗어나면 누구나 도적이 될 수 있었다.

조선 시대 사람들처럼 대부분이 농사일에 힘쓰고 함께 모여 살면 끈끈한 공동체가 비교적 쉽게 형성된다. 여기서는 누가 어디에 살고 있는지, 가족관계는 어떤지, 심지어 누가 누구와 사이가 좋은지 나쁜지까지 서로 잘 알고 있다. 공동체 전체의 생계를 위협하는 일이 생기지 않는 이상, 전문 도적 떼가 나타나기 어려운 환경이다. 그러므로 지방 각지에서 대규모 도적이 출몰하는 일은 비상非常이었고, 나라 시스템에 무언가 심각한 문제가 생겼다는 표지였다.

그런데 한성은 달랐다. 한성은 날이 갈수록 '도시화'되는 공간이었다. 한성에는 토박이보다 각지에서 올라온, 그야말로 상경上京한 사람들이 많았고 이들은 서로 잘 알지 못했다. 게다가 나라 전체의 경제활동이 활발해지면서 전국의 쌀과 각종 물산이 한성에 모였다. 한성의 규모는 사대문 바깥으로 점점 더 커졌고 인구밀도도 높아졌다. 한성은 조선에서 익명성이 보장되면서도 도적

질의 이익이 가장 큰 공간이었다.

1632년(인조 10) 도적 떼가 나타나 이호민李好閔(1553~1634)에게 중상을 입히고 집안 노비들을 살해하는 사건이 벌어졌다. 이호민은 임진왜란에서 큰 공을 세운 호성공신扈聖功臣으로, 나라에서 높이 대우하는 벼슬아치였다. 그는 남대문 바깥 멀지 않은 곳에 살고 있었다. 나라의 수도 한성에 사는 높은 벼슬아치조차 도적의 습격에서 안전하지 못했던 것이다. 한성이 도시로 발전하면 발전할수록 익명성 뒤에 숨은 도적들을 잡아내는 포도청과 같은 관청의 필요성도 커졌다.


## 법보다 무서운 포도청

한성에서도 누가 도적이고 누가 백성인지 구분하기가 어려운 것은 마찬가지였다. 도적이 도적이라고 써 붙이고 다니지 않을 테니 도적을 색출하기 위해 포도청의 포졸捕卒들은 도적으로 의심되는 사람과 그 주변 사람들을 탐문하곤 했다. 그 과정에서 탐문이 심문으로 바뀌거나 결백한 사람이 도적으로 몰려 괜히 매를 맞는 일도 있었다. CCTV나 녹음기가 있던 시절이 아니었으니, 사람들은 무조건 포도청과 엮이지 않는 것이 좋았다.

조선 후기 정승을 지낸 채제공蔡濟恭(1720~1799)은 상인들이 일부 물건을 독점함으로써 이익을 극대화하는 행위, 즉 매점매석이

성행하는 문제를 이야기하면서 포도청을 언급했다. 채제공은 사람들이 법은 두려워하지 않으나 포도청은 두려워하고 있다고 말하며, 나라의 기강에 문제가 있다고 지적했다. 자신의 논지를 강조하기 위해 과장한 측면이 없지 않겠지만, 그만큼 눈앞에서 곧바로 징벌을 실행할 수 있는 포도청이 사람들에게 공포의 대상이었음을 알 수 있다.

비슷한 시기 이엇복(?~?)은 일종의 임금 체불 문제로 권석민(?~?)과 다투다 그를 때려죽였다. 이때 증인들을 심문한 기록이 《심리록審理錄》에 남아 있다. 증인들 증언에 따르면, 권석민은 포도청이 가까이 있으니 더 이야기하지 말라는 투로 이엇복의 화를 돋우었다고 한다. 당대 사람들에게 포도청이 어떻게 느껴지는 곳이었는지 짐작할 수 있는 대목이다.

포도청을 담은 다른 속담들도 모두 포도청을 두려운 곳으로 묘사하고 있다. "포도 군사의 은동곳 물어 뽑는다"는 도둑질하는 습관을 쉽게 버리지 못한다는 뜻이다. 여기서 동곳은 상투를 고정하는 물건으로, 은동곳은 은으로 만든 귀한 동곳을 가리킨다. 동곳을 상투에서 빼면 상투가 흐트러지므로 포도청 군사의 동곳을 빼는 행동은 감히 하기 어려운 일이다. 하지만 도둑질이 몸에 배면 포도청 군사에게 끌려가면서도 그 군사의 동곳을 훔치니 그만큼 도둑질하는 습관이 무섭다는 뜻이다. "포도청 뒷문에서도 그렇게 싸지 않겠다", "포도청 문고리도 빼겠다", "도둑이 포도청 간다", "몽둥이 들고 포도청 담에 오른다" 등도 감히 하기 어려운

[그림 21] 〈적죄인 형벌ᄒᆞ는 모양〉

포도청에 잡혀온 죄인을 형벌하는 모습을 담은 김준근의 그림.

포졸들이 잡혀온 죄인에게 전도주뢰剪刀周牢라는 형벌을 행하는 모습이 묘사되어 있다.

* 소장처: 국립민속박물관

행동을 포도청과 연결하여 묘사하고 있다.

조사 과정에서 매질을 할 수 있는 포도청이 이처럼 무서운 관청이었다면 사람들이 가장 두려움을 느꼈을 관청은 사실 의금부義禁府가 맞을 것이다. 의금부는 패륜를 저지르는 등 사회윤리를 심하게 해치거나 나라를 뒤엎는 역모를 꾀한 사람을 조사하고 처벌했던 관청이라 조사와 형벌의 강도가 가장 높았기 때문이다. 하지만 의금부와 관련하여 전해지는 속담은 딱히 눈에 띄지 않는다. 그만큼 의금부보다 포도청이 사람들 일상과 가까웠기 때문이다. 그리고 비교적 가벼운 범죄까지 다루었던 포도청과 비교하면, 의금부는 한 번 끌려가면 살아서 나오기 어려운 범죄를 다루었기에 입에 올리기도 꺼렸던 것 아니었을까.

우리말에 깃든 조선 벼슬 ⎯●

# ||| 3 |||

# 차사원:
## 함흥차사

함흥차사咸興差使는 '심부름 가서 오지 않거나 늦게 온 사람'을 이르는 말이다. 함흥은 오늘날 북한에 있는 함경남도 함흥을, 차사差使는 특정한 임무를 위해 임시로 파견하는 벼슬아치를 가리킨다. 차사원差使員이라고 하기도 한다. 그러므로 함흥차사는 풀어 쓰면, 어떤 임무를 위해 함흥에 갔다가 돌아오지 못한 벼슬아치라고 할 수 있다.

함흥차사와 관련하여 한 가지 이야기가 전해온다. 조선을 건국한 뒤 왕위를 물려준 태조는 아들 태종이 미워서 함흥으로 떠났다. 태종은 태조가 돌아오도록 설득하기 위해 줄곧 차사를 함흥에 보냈다. 태종에게 화가 난 태조는 자신을 찾아온 차사를 모두 죽였다. 그래서 '함흥차사'는 다시 돌아가지 못했다는 이야기다.

함흥차사는 이처럼 정말 있었던 일에서 비롯한 고사성어일까? 먼저 차사라는 이름부터 살펴보자.


## 일상과 가까운 차사들

임금이 지방을 다스리기 위해 파견한 외관外官이 있었다. 관찰사觀察使, 수령守令 등이 대표적이었다. 하지만 이들이 맡은 일상적인 업무 이외에 특별한 일이 생기는 경우도 있었다. 이럴 때는 그 특별한 일을 처리하기 위해 벼슬아치를 임시로 뽑아서 파견했다. 임금이 특정한 임무를 위해 지방에 내려 보내는 임시 벼슬아치로는 경차관敬差官이나 어사御史 등이 있었다. 경차관과 어사는 모두 임금의 명령을 전달하고 그 명령이 이행되는지 확인했다.

임금만 임시 벼슬아치를 둘 수 있는 건 아니었다. 차사는 한 도의 행정을 담당하는 관찰사나 한 도의 군사를 담당하는 절제사節制使가 도내 업무를 보거나 중앙에 보고하기 위해 임시로 두는 벼슬아치였다. 조선에서 차사라는 표현은 관찰사가 수령을 차사로 두고 임무를 부여할 때 가장 많이 쓰였다. 물론 꼭 차사가 수령일 필요는 없었다. 절제사의 직속 군관軍官이나 학교 교관教官도 차사가 될 수 있었다. 하지만 대체로 수령을 차사로 많이 파견했다. 이렇게 차사를 둠으로써 대체 인력이 필요한 업무가 발생하거나 갑작스럽게 문제가 생겼을 때 유연하게 대응할 수 있었다.

우리말에 깃든 조선 벼슬 ──●

임금이 보낸 경차관 및 어사, 그리고 관찰사와 절제사가 보낸 차사는 지위가 달랐다. 임금이 직접 파견한 벼슬아치를 차사라고 기록한 사례는 확인하기 어렵다. 하지만 이 임시 벼슬아치를 마주한 지방 각지의 사람들에게는 벼슬아치의 격과 이름보다는 누군가의 권한을 대신해서 행사하러 왔다는 사실이 중요했던 모양이다. 덕분에 차사는 누군가의 심부름을 하는 역할, '심부름꾼'을 가리키는 말로 굳어진 듯하다. 《명종실록》에 따르면, 명종 대(1545~1567) 옥사獄事를 일으켜 많은 사람에게 해를 끼친 정언각鄭彦慤(1498~1556)의 별명이 염라차사閻羅差使였다. 저승을 관장하는 염라대왕의 심부름꾼인 셈이다. 염라차사는 KBS 드라마 시리즈 〈전설의 고향〉을 통해 검은 갓과 옷을 입은 모습으로 굳어진 저승사자使者를 가리킨다. 이 저승사자 또한 저승차사라고 부르기도 했다.

하지만 차사가 심부름을 하는 사람을 가리키는 말로 널리 쓰였다 하더라도 엄연히 격이 다른 만큼 임금인 태종이 보낸 함흥차사를 '차사'로 부른 일은 설명이 더 필요하다. 함흥차사가 당시 기록에 어떻게 남아 있는지 확인해보자.


## 돌아오지 못한 함흥차사

함흥차사 이야기는 15세기 초까지 거슬러 올라간다. 조선 태종은 왕위에 오르는 과정에서 형제들과 두 차례 크게 다투었다. 첫 번째는 1398년(태조 7) 무인정사戊寅定社, 이른바 제1차 왕자의 난이었다. 당시 정안군靖安君이었던 태종 이방원李芳遠(1367~1422)은 개국공신 정도전鄭道傳(1342~1398)과 자신의 이복형제 무안군撫安君 이방번李芳蕃(1381~1398), 의안군宜安君 이방석李芳碩(1382~1398)을 죽였다. 두 번째는 1400년(정종 2) 제2차 왕자의 난이었다. 이때 태종은 형 회안군懷安君 이방간李芳幹(1364~1421)과 싸웠고 이겼다. 결국 1401년(태종 1) 태종은 왕위에 오를 수 있었다.

이처럼 왕위를 두고 형제들과 싸웠던 태종의 즉위 과정은 〈용의 눈물〉(1996), 〈정도전〉(2014), 〈육룡이 나르샤〉(2015), 〈이방원〉(2021) 등 여러 사극에서 인기 있는 소재로 등장했다. 형제를 죽인 아들을 후계자로 인정해야 했던 아버지 태조와 아버지의 선택을 따르지 않고 형제를 죽여 왕위에 오른 아들 태종 사이에 많은 이야기가 있을 수밖에 없기 때문이었다. 작품마다 연출은 조금씩 달랐지만, 어떤 방식으로든 둘 사이 갈등을 묘사했다. 《태종실록》은 사실관계만 건조하게 정리하고 자세한 기록은 남기지 않는 방법을 선택함으로써 이 둘의 충돌을 노골적으로 드러내지 않았다.

아버지 태조와 아들 태종은 지독한 애증관계였을 테지만 칼끝을 서로에게 직접 겨누지는 않았다. 아무리 밉더라도 서로를 부정하고 공격하게 되면 이제 막 건국된 조선이 무너질 수도 있다는 걱정이 두 사람을 '화해'에 이르게 한 듯싶다. 물론 젊은 시절 패배를 모르는 맹장이었던 태조가 아들 태종만큼은 무력으로 굴복

시키지 못했기 때문이기도 하다.

태종이 즉위하고 얼마 지나지 않은 1402년(태종 2) 안변安邊(오늘날 북한 강원도 안변 일대) 수령이었던 조사의趙思義(?~1402)가 반란을 일으켰다. 이른바 조사의의 난이었다. 조사의는 태조의 두 번째 부인 신덕왕후神德王后 강씨康氏(?~1396)의 친척이었다. 제1차 왕자의 난에서 태종이 죽였던 이방번, 이방석이 모두 강씨의 아들이었다. 조사의는 이방번과 이방석의 원수를 갚겠다고 선언했다. 이 반란의 공식적인 우두머리는 조사의였지만 조사의 뒤에는 태조가 있었다.

제2차 왕자의 난 이후 태조는 궁궐에 머물지 않고 한성 바깥에 자주 나갔다. 태종은 태조의 친한 벗들을 불러 잔치를 열고 태조의 마음을 위로하려 했다. 《태종실록》에 따르면, 태조는 태종이 열어준 잔치에 여러 번 참석했다. 그러나 당시 태조가 어떤 마음이었는지 알 수 있는 기록은 없다. 1402년(태종 2) 11월 4일 태조는 김화金化(오늘날 강원도 철원)에 있었다. 태조는 태종에게 사람을 보내 함흥에 있는 조상들 무덤에 방문한 뒤 금강산을 유람하고 오겠다고 전했다. 이에 태종은 필요한 물품을 보내주도록 했는데, 다음 날(5일) 조사의가 군사를 일으켰다는 소식이 전해졌다. 김화에서 철령鐵嶺을 넘으면 바로 조사의가 있는 안변이었다. 일이 급박해졌다.

태종은 곧바로 사람을 보내 안변 근처에 있는 벼슬아치들이 동요하지 않도록 단속하는 한편, 태조에게 한성으로 돌아오도록 청

[그림 22] 〈함흥부지도〉

1402년(태종 2) 안변 수령이었던 조사의趙思義(?~1402)가 반란을 일으켰다.
궁궐에서 떠나 함흥으로 향한 태조는 난을 일으킨 조사의의 군대와 함께 이동했다.
그림은 《1872년 지방지도》에 수록된 함흥 지역 지도.

＊소장처: 서울대학교 규장각한국학연구원

했다. 그럼에도 태조는 8일 철령을 넘었고, 9일 함주咸州, 즉 함흥에 도착했다. 그 뒤에는 조사의의 군대와 함께 이동했다. 18일 옛맹주孟州, 즉 맹산에서 태종의 군대와 조사의의 군대가 충돌했는데, 이때 태조도 맹산에 있었다. 아마도 27일 조사의가 패배한 안주安州 근처에도 태조가 있었을 것이다. 《태종실록》은 전투 기록과 태조의 위치를 분리해서 기록하고 있지만, 반란군 동선을 고려하면 태조와 조사의가 아예 무관하다고 볼 수 없었다.

태조가 이렇게 움직이고 있을 때, 태종은 함흥을 포함한 동북면東北面 지역에 신하들을 파견했다. 《태종실록》에 따르면, 태종이 파견한 사람은 총 일곱 명이었다.

[표 3]은 1402년(태종 2) 11월 8일부터 약 20일 동안 태종이 파

[표 3] 태종이 태조가 있는 지역에 파견한 신하들

| 《실록》기록 | 파견된 신하 | 파견 결과 | 태조 위치 |
|---|---|---|---|
| 11월 8일 | 상호군上護軍 박순朴淳(?~1402) | 사망 | 김화→철령 |
| 11월 9일 | 왕사王師 무학無學(1327~1405) | 태조 접견 | 함흥 |
| 11월 10일 | 대호군大護軍 김계지金繼志(?~1410) | 상황 보고 | 함흥 |
| 11월 11일 | 호군護軍 송유宋琉(?~1402) | 사망 | 함흥 |
| 11월 11일 | 호군 김옥겸金玉謙(?~?) | 상황 보고 | 함흥 |
| 11월 15일 | 안평부원군安平府院君 이서李舒(1332~1410) | 철령에서 귀환 | 함흥 |
| 11월 18일 | – | – | 함흥→맹산 |
| 11월 27일 | 내관內官 노희봉盧希鳳(?~?) | 태조 접견 | (안주) |
| 11월 28일 | 안평부원군 이서 | 태조 접견 | (안주) |

147

견한 7명과 이들을 파견한 결과, 그리고 태조의 위치를 정리한 것이다. 이들 가운데 무학은 오랫동안 태조와 친분이 있던 승려였다. 태종은 태조를 설득하기 위해 무학을 보냈고, 무학은 함흥부터 태조를 계속 따라다녔던 것으로 보인다. 김계지와 김옥겸은 임무를 마치고 돌아와 반란 상황을 보고했다. 여기서 상호군, 대호군, 호군은 모두 장교의 직급 정도로 이해하면 충분하다. 태조 대부터 주요 벼슬을 역임했던 안평부원군 이서는 처음 출발했을 때는 반란군에 막혀 태조를 만나지 못했으나 조사의가 패배한 뒤 태조를 만날 수 있었다. 노희봉은 내관으로서 조사의의 패배 이후 태종의 입장을 태조에게 전달하러 갔다. 이 가운데 돌아오지 못하고 죽은 사람은 두 명이었다. 한 명은 박순이었고, 다른 한 명은 송유였다.

엄격히 따지면 일곱 명이 모두 '함흥차사'는 아니었다. 태조를 만나러 간 사람은 무학, 이서, 노희봉이었고, 나머지 장교들은 태조를 만나는 게 임무가 아니었다. 장교들은 다른 벼슬아치들이 조사의를 따라서 반란에 가담하지 않도록 단속하는 것이 주요 임무였다. 박순은 조사의를 따르지 말라는 명령을 전달하다가 반란군에게 죽임을 당했다. 송유 역시 마찬가지였고, 김옥겸은 붙잡혔다가 도망쳤다. 김계지는 오히려 반란군 일부를 죽이고 돌아오는 공을 세우기도 했다. 결국 속담 함흥차사 이야기처럼, 태종이 '태조를 설득하기 위해 함흥으로 파견한 사람' 가운데 죽어서 돌아오지 못한 '함흥차사'는 아무도 없었다. 심지어 첫 사망자 박순이 출발

[그림 23] 〈조선태조어진朝鮮太祖御眞〉
조선을 건국한 태조 이성계李成桂(1335~1408)는
첫 번째 왕비 신의왕후神懿王后(1337~1391)와 6남 2녀를 낳았고,
두 번째 왕비 신덕왕후神德王后(?~1396)와 2남 1녀를 낳았다.
태조의 뒤를 이은 정종과 태종은 신의왕후의 아들이었고,
왕위 계승 다툼에서 죽은 이방번과 이방석은 신덕왕후의 아들이었다.

＊소장처: 어진박물관

했을 때 태조는 아직 함흥에 도착하지도 않았다.

11월 27일 조사의가 패배하자 태조는 태종이 여태까지 자신에게 한 번도 사람을 보내지 않았다고 말하며 태종의 의중을 확인하려고 했다. 반란군과 함께 움직이면서 다소 곤란해진 자신의 입장을 변호하려는 의도로 한 말이겠지만, 실제로 조사의가 패배하기 전까지 태조에게 간 사람은 무학뿐이었다. 태종의 입장을 확인한 태조는 12월 2일 평양을 거쳐 8일 한성으로 향했다. 전장에서 패배를 몰랐던 맹장 태조도 자기 자식은 이기지 못했다. 태종은 직접 금교역金郊驛(오늘날 북한 황해도 금천)까지 마중을 나갔다. 아버지 태조 68세, 아들 태종 36세 때의 일이었다.

## 차사 대신 돌아온 기억

조사의의 난 당시 파견된 7명의 '함흥차사'들은 모두 동일한 임무를 맡지 않았다. 태종은 장교들을 함흥에 있는 태조에게 보내지 않았다. 그리고 애초에 임금 태종이 태상왕太上王 태조에게 '명령'을 내릴 수 있는가부터 문제다. 경차관, 어사 등은 임금의 명령을 전달하는 임무를 수행했는데, 태종이 아버지이자 선왕先王인 태조에게 명령을 내릴 수 있었을까. 《실록》은 '함흥차사'들의 본직本職은 기록했지만, 파견될 때 어떤 임시 벼슬을 맡고 있었는지는 기록하지 않았다. 함흥차사가 있던 당시 '차사'라는 벼슬로 함흥에 간 사람은 없었던 셈이다. 이는 건국 초반이라 관련 제도가 미비했기 때문이었을 수도 있지만, 정말 마땅한 벼슬명이 없기 때문이었을 가능성이 크다. 다시 말해, 후대 왕이 궁궐 바깥에 있는 선왕에게 자기 의지를 전달할 수 있는 공식적인 절차와 방법이 없었기에 따로 호칭을 붙이지 않았다고 할 수 있다.

게다가 함흥차사는 태종 대 당시가 아니라 비교적 최근에 만들어진 속담이라는 근거들이 있다. 1901년(고종 38) 송근수宋近洙 (1818~1903)는 《송자대전수차宋子大全隨箚》라는 책을 펴냈다. 조선시대 학자이자 정치가였던 송시열宋時烈(1607~1689)의 《송자대전宋子大全》에 등장하는 어려운 용어를 풀이한 책이었다. 여기서 송시열이 쓴 함흥차사를 다음과 같이 풀이했다.

우리나라 태조가 함흥에 갔을 때, 여러 신하가 명을 받들어 (함흥에) 갔는데 모두 돌아오지 못했다. 그러므로 오늘날 한 번 갔다가 돌아오지 않는 사람을 말할 때 함흥차사라고 했다 [我太祖移御咸興時 諸臣承命進詣者 皆不得回還 故俗稱一去不來者曰 咸興差使].

이미 함흥차사가 누구나 알고 있는, 아주 오래된 속담이라면 굳이 풀이가 필요했을까? 여기까지는 의심이다. 여기에 숙종 대 (1674~1720)에 박순이 시호諡號를 받는 과정을 더하면 의심을 확신으로 바꿀 수 있다. 시호는 죽은 사람의 생애와 업적을 기려 붙이는 존칭이다. 1687년(숙종 13) 박순은 충민공忠愍公이라는 시호를 받았다. 앞서 살펴보았던 첫 번째 사망자, 바로 그 박순이었다. 조사의의 난이 끝난 직후에 태종은 박순의 공로를 공식적으로 인정해주었고, 제사를 지낼 수 있도록 박순의 집안에 벼슬과 땅까지 따로 내려주었다. 그런데 몇백 년이 지난 숙종 대에 와서 갑자기 박순의 시호를 내려준 것이었다.

임진왜란(1592)과 병자호란(1636)을 거치면서 박순의 직계 후손들은 이미 모두 죽은 뒤였다. 태종에게 받았던 벼슬과 땅도 나라로 돌아간 상태였다. 이에 1680년(숙종 6) 박순의 먼 후손들이 집안을 다시 정비한 뒤 박순의 공로를 나라가 확인해주고 원래대로 제사를 지낼 수 있도록 벼슬과 땅을 내려달라고 요청했다. 숙종은 그렇게 하도록 허락했고, 1682년(숙종 8)에 박순 후손들의 요청이 받아들여졌다. 뒤이어 1686년(숙종 12) 박순에게 시호를 내려주자는 논의가 시작되었고 이듬해 박순은 충민공이 되었다. 이때 인정된 박순의 공로는, 자기 목숨을 바쳐 태조가 함흥에서 돌아가겠다는 약속을 받아낸 일이었다.

이 일은 이긍익李肯翊(1736~1806)의 《연려실기술燃藜室記述》에 정리되어 있다. 《연려실기술》이 기록한 박순의 이야기는 다음과 같다. 함흥에 간 차사들이 연이어 돌아오지 못해서 아무도 함흥에 가려고 하지 않았는데 박순이 나서서 함흥에 갔다. 박순은 태조를 설득하는 데 성공했지만, 돌아오는 길에 태조의 부하들에 의해 죽임을 당했다. 원래 태조는 박순을 죽이려고 하지 않았기에 박순이 강을 건넜다면 죽이지 말라고 명령했다. 그러나 마침 박순이 병으로 강을 바로 건너지 못한 상황이었고 결국 허리가 베여 죽었다. 이 이야기는 《실록》의 기록과 전혀 다르다. 《실록》에 따르면, 박순 이전에 함흥에 간 '차사'는 없었고, 박순은 태조에게 가지 않았을 뿐만 아니라, 조사의에게 잡혀 죽었다.

좌의정 남구만南九萬(1629~1711)을 비롯한 벼슬아치들은 박순의 공로가 나라의 공식 기록에 남아 있지 않고 오로지 박순 집안의 사적인 기록에만 남아 있으므로 시호를 급하게 내려서는 안 된다고 반대했다. 같은 시기에 죽은 송유를 언급하기도 했다. 반면 영의정 김수항金壽恒(1629~1689) 등은 이야기의 출처가 분명하지는 않으나 당시 박순이 임무를 수행하다 죽은 일과 태종이 땅을 내려준 일은 사실이기 때문에 시호를 내릴 수 있다고 주장했다. 숙종은 이 가운데 김수항 등의 의견에 따라 박순에게 시호를 주기로 결정했다.

물론 이미 몇 년 전에 박순의 후손에게 벼슬과 땅을 돌려준 상황이기는 했지만, 뚜렷한 근거 없이 시호까지 준 숙종의 결정은 합리적인 판단으로 보이지 않는다. 아마도 숙종 대 태조 현창顯彰 사업과 관련된 결정인 듯하다. 숙종은 신하들의 붕당朋黨에 대응하고 임금으로서 권위를 높이기 위해 태조를 대대적으로 추켜세웠다. 이 맥락에서 볼 때 박순의 이야기는 태조가 아들에게 패배해서 돌아간 게 아니라, 스스로 생각을 바꿔 돌아가려고 했던 모습을 보여주는 '아름다운' 이야기이지 않았을까? 자기 글에 함흥차사라는 말을 직접 쓴 송시열은 숙종을 도와 태조 현창에 앞장섰던 인물이었다. 그리고 박순의 아내 유씨柳氏의 묘표墓表를 쓴 인물이기도 했다. 더불어 송시열은 노론으로 김수항과 당색도 같았다. 남구만은 소론이었다. 이 모든 게 단순히 우연은 아니었을 것이다.

함흥차사는 집안을 다시 일으키고 싶어 했던 박순 후손들의 열망과 숙종의 정치적 필요가 맞아떨어진 결과로 보인다. 함흥차사는 적어도 태종 대부터 널리 알려진 속담은 아니었다. 박순이 충민공이라는 시호를 받은 숙종 대에 와서야 집안에서나 알려져 있던 박순의 이야기가 나라에서 공식적으로 인정한 '위인전'이 될 수 있었다. 그저 자기 임무를 충실히 수행했던 박순은, 어느새 태조에 대한 충忠과 태종의 효孝를 위해 죽음을 무릅쓴 인물이 되어 있었다. 다만 중요한 건 오직 '메시지'였다. 이 '위인전'은 박순이 어떤 벼슬을 받고 어떤 절차에 따라 태조에게 가게 되었는지까지 세세하게 신경 써서 이야기하지 않았다. 그래서 박순은 왕사王使처럼 범범한 이름으로 불리기도 하다가, 결국 조선 사람들에게 익숙했던 '차사', 즉 '함흥차사'로 불리게 되었다고 볼 수 있다.

# 05

## 모두에게 익숙한 벼슬길

오늘날 공무원 조직이 그렇듯 조선 벼슬도 벼슬마다 정해진 위치가 있었다. 그리고 그 위치에 따라 할 수 있는 일과 없는 일이 있었다. 그러므로 분별없이 벼슬을 이리저리 옮길 수 없었다. 하루아침에 상사와 부하가 서로 뒤바뀐다면? 능력이 검증되지 않은 사람이 중요한 결정을 내릴 수 있게 된다면? 맡은 일이 너무 자주 바뀐다면? 아마도 나랏일이 제대로 돌아가지 않을 것이다. 조선은 이처럼 좋지 않은 상황을 막기 위해 여러 법과 제도를 마련했다. 조선 벼슬아치들은 법과 제도로 정해진 벼슬길을 따라 벼슬을 옮기고 업무를 했다. 그런데 벼슬아치나 익숙했을 이 벼슬길에서 쓰는 말들이 조선 사람 모두가 쓰는 속담에 쓰였다. 이 장에서 살펴볼 '당상', '상피'는 관련 규정을 이해하고 있어야 쓸 수 있는 말이었고, '조선공사삼일'은 벼슬아치의 일처리를 비유한 맥락을 알아야 쓸 수 있는 말이었다. 실제로 벼슬을 받아서 업무를 경험하는 사람은 벼슬아치지만, 그 벼슬아치의 경험은 모두가 공유한 셈이다. 벼슬을 둘러싼 문화가 조선 사람들 일상과 아주 가까웠음을 짐작할 수 있다.

# ||| 1 |||

## 당상관:
### 따놓은 당상

머리말에서 소개했던 바로 그 속담이다. "떼어놓은 당상"도 많이 쓴다. 《표준국어대사전》에 따르면, "떼어놓은 당상"은 "따놓은 당상"과 같이 쓰며 떼어놓은 당상이 변하거나 다른 데로 갈 리 없다는 데서, 일이 확실해서 조금도 틀림없음을 이르는 말이다. 비슷한 속담으로 "떼어놓은 당상 좀먹으랴", "받아놓은 당상" 등이 있다. 표현은 조금 다르지만 뜻은 같다.

사전 설명에 따르면, "따놓은 당상"과 "떼어놓은 당상"을 모두 쓸 수 있다고 했다. 그런데 자세히 살펴보면 둘의 어감은 조금 다르게 느껴진다. 사전의 풀이를 살펴보자.

따다: 붙어 있는 것을 잡아떼다.

우리말에 깃든 조선 벼슬 ──●

떼다: 붙어 있거나 잇닿은 것을 떨어지게 하다.

이것만 보면 "따다"와 "떼다"는 거의 같은 뜻이다. 용례도 비슷하다. 그러나 다른 뜻도 있다. "따다"는 '점수나 자격 따위를 얻다'는 뜻이 있는 반면, "떼다"는 '권리를 없애거나 직위를 그만두게 하다'는 뜻이 있다. "따다"와 "떼다"에 같은 뜻도 있지만 이처럼 서로 반대에 가까운 뜻도 있다. 그래서 두 말은 문맥에 따라 어감이 달라질 수 있다. 왜 속담 하나를 쓰는 데 미묘하게 다른 두 가지 표현이 있을까?

## 벼슬과 벼슬을 상징하는 물건

각종 매체에 등장하는 "따놓은 당상"과 "떼어놓은 당상"을 살펴보면, 그 대상이 되는 당상堂上을 무엇으로 보느냐가 속담의 어감을 결정한다. 속담에 나오는 당상은 크게 두 가지로 이해되고 있다.

하나는 옥관자玉貫子, 즉 옥으로 만든 관자이다. 조선 시대 성인 남성은 머리가 흘러내리지 않도록 상투를 틀었다. 상투를 틀려면 [그림 24]와 같은 말총으로 만든 망건이 필요하다. 이 망건으로 머리를 감싼 다음 망건의 위아래에 달린 당줄을 이용해 머리와 망건을 고정하면 상투가 완성된다. 이때 당줄을 걸어 상투를 견고하게 해주는 고리가 관자이다. 이 관자 덕분에 당줄을 앞뒤로 여러 차례 교차하여 매듭지을 수 있다.

당상을 옥관자로 이해하면, 이 속담은 다른 곳에 떼어 두어도 상하거나 변할 일이 없는 옥관자를 가리키게 된다. 이렇게 보면 옥으로 만든 귀중한 물건을 함부로 '잡아뗄' 리는 없으니 "따놓은 당상"보다 "떼어놓은 당상"이 조금 더 적절한 표현처럼 보인다. 이는 "떼어놓은 당상 좀먹으랴"라는 다른 속담에서 선명해진다.

다른 하나는 당상관堂上官이다. 당상관은 조선 시대 특정 범위의 벼슬 혹은 그 벼슬에 있는 벼슬아치들을 아울러 가리키는 말이다. 당상을 당상관으로 이해하면, 이 속담에서 당상은 벼슬을 가리키게 된다. 당상을 따거나 혹은 뗀다고 했으니 사람인 벼슬아치는 아니었을 것이기 때문이다. 물론 벼슬도 따거나 뗄 수 있는 물건은 아니었다. 그렇다면 벼슬을 따거나 벼슬을 뗀다는 말은 어떻게 이해할 수 있을까?

"따놓은 당상"에서 당상은 '붙어 있는 것을 잡아떼는' 대상보다 '점수나 자격 따위를 얻은' 결과에 가깝다. 이미 당상이라는 벼슬을 따놓았으니, 그야말로 일이 확실하여 조금도 틀림이 없다는 뜻이다. 반면 "떼어놓은 당상"은 이렇게 뜻을 풀이하기 어렵다. "떼다"에서 '붙어 있는 것을 잡아떼는' 뜻으로 풀이하면, "떼어놓은 당상"은 당상이라는 벼슬에서 누군가를 '그만두게 하는' 뜻이 되기 때문이다. 애초에 속담이 나타내려고 하는 뜻과 멀어지는 셈이다. 하지만 음험하게 생각하면, 이는 다른 누군가에게 주기 위해 남의 기회를 빼앗아 "떼어놓은 당상"일 수 있다. 이렇게 보

우리말에 깃든 조선 벼슬 ——●

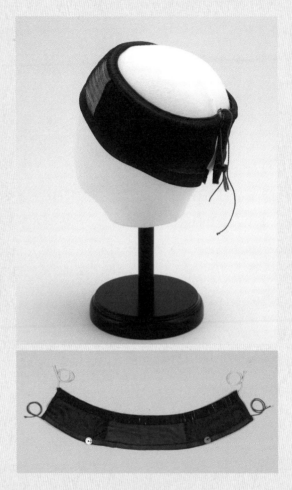

[그림 24] 망건
상투를 틀고 머리카락이 흘러내리지 않도록 머리에 두르는 남성용 건巾.
말총을 촘촘히 엮어 만든 띠 형태로, 망건당 양쪽 끝에
당줄이 달려 있고 당줄 한쪽에 관자와 짧은 끈이 달려 있다.
* 소장처: 국립민속박물관

면 속담의 뜻과 어긋나지 않는다.

결국 속담을 쓰는 사람이 당상을 어떻게 이해하느냐에 따라 표현을 다르게 했다고 할 수 있다. "떼어놓은 당상"은 당상을 옥관자로 이해했을 때, "따놓은 당상"은 당상을 벼슬로 이해했을 때 각각 어울리는 표현이다. 옥관자와 당상관을 서로 바꿔서 쓰더라도 속담 뜻을 크게 해치지 않지만, 속담을 정확하게 쓰려 한다면 충분히 거슬릴 만한 어감 차이는 맞다.

아마도 처음 속담이 만들어졌을 때 당상은 옥관자를 뜻했을 가능성이 크다. 《속담사전》(1980)은 속담에서 당상이 옥관자를 뜻한다는 근거로 양재건梁在謇(?~?)의 《이담속찬습유耳談續纂拾遺》(1908)를 인용했다. 이 책은 정약용의 《이담속찬》을 우리말로 풀이한 책이다. 이 《이담속찬습유》에 "떼어놓은 옥관자가 좀먹어서 혹 변할까摘置玉貫蟲蝕或憚"라는 속담이 기재되어 있다. 뜻풀이는 "나누더라도 고유한 것은 잃어버리는 데 이르지 않는 것을 말하는 것이다言 分所固有者 不致有失"라고 했다. 명확해 보이는 근거가 존재하는 것이다. 그렇다면 당상을 벼슬로 이해한 사람들은 속담에 나온 당상의 뜻을 오해한 것일까? 어떻게 "떼어놓은 당상"과 함께 "따놓은 당상"도 널리 알려졌을까?

모든 문제는 옥관자에 있다. 이 속담에 두 가지 어감이 공존하는 까닭은 옥관자의 상징성 때문이다. 관자는 금, 옥 등 여러 재료로 만들 수 있었지만, 그 사람의 지위에 따라 쓸 수 있는 재료나 장식이 제한되었다. 조선의 법전 《경국대전經國大典》(1485)에 따르면, 옥관자는 당상관에 올라야 착용할 수 있는 관자였다. 즉 옥관자는 당상관을 상징하는 물건이기도 했다. 그러므로 속담에서 당상은 옥관자로 볼 수도 있고, 벼슬로 볼 수도 있다.

《경국대전》 편찬 이전에도 옥관자는 당상관을 가리켰다. 《성종대왕실록成宗大王實錄》을 보면, 1474년(성종 5) 1월 멀리서 찾아온 여진 사람들이 공물을 바치고 그 대신 옥관자를 요구한 일이 있었다. 이를 두고 정승 신숙주申叔舟(1417~1475)는 이들이 공물을 대가로 당상관 벼슬을 요구한다고 해석했다. 당시 여진 사람들은 조선과 명나라의 경계에 흩어져 살던 사람들로, 일부는 조선 사람들과 가까이 어울려 살았지만 일부는 힘을 앞세워 조선 사람들을 약탈하기도 했다. 조선은 한편으로는 군대를 보내 이들을 압박하기도 했고, 한편으로는 벼슬이나 생필품 교역 등을 이용해서 어르고 달래기도 했다. 성종 대에 공물을 들고 찾아온 여진 사람들의 방문도 이러한 맥락에서 이해할 수 있다. 이들은 조선과 가깝기는 했어도 복식 문화가 달랐으므로 물건으로서 옥관자가 필요했을 가능성은 크지 않았다. 옥관자는 조선 사람들뿐만 아니라 여진 사람들까지 널리 알고 있는 조선 당상관의 상징이었던 것이다.

속담의 시작은 옥관자였을 가능성이 크지만, 속담을 쓰는 사람들은 이 속담을 통해 벼슬, 당상관을 자연스레 떠올렸을 것이다. 거기에 '따다'와 '떼다'라는, 비슷한 뜻이 있는 말까지 서로 얽혀서 오늘날까지 "따놓은 당상"과 "떼어놓은 당상"이 함께 전해오지 않았을까.

# 당상관이 된다는 건

이제 옥관자가 가리키는 당상관을 알아볼 차례다. 대체 당상관이 무엇이기에 따놓아서 내 것으로 확실하게 하고 싶고, 떼어놓아서 원하는 사람에게 주고 싶었던 것일까?

당상관은 한자를 그대로 풀이하면 당堂 위에 있는 벼슬아치이다. 임금이 참여하는 국가 공식 행사에서 벼슬아치들은 자신의 지위에 따라 차례대로 서는데, 지위가 낮을수록 임금과 거리가 점점 멀어지고 서 있는 곳의 높이도 낮아졌다. 당상관은 당 위에 올라 임금과 가깝게 설 수 있는 벼슬아치였다. 이 자리는 벼슬아치의 관계官階로 결정되었다. 앞서 "개처럼 벌어서 정승처럼 쓴다"에서 살펴보았듯이 관계는 벼슬아치의 지위 혹은 직급이었다. 그렇다면 당상관은 얼마나 높은 관계였을까?

번거롭겠지만 앞에 있던 [표 1]을 보면 이해하기 쉽겠다. 아홉 번째 서열 정3품 상계上階 통정대부通政大夫부터 그 이상 관계에 있는 벼슬아치는 모두 당상관이었다. 그 아래에 열 번째 정3품 하계下階부터 스물네 번째 종6품 하계 선무랑까지 참상관參上官으로 분류했다. 그리고 정7품부터 종9품까지 나머지 여섯 개 관계를 참하관參下官 혹은 참외관參外官으로 분류했다. 참상관과 참하관은 아울러 당하관堂下官이라고 했다. 그만큼 당상관과 나머지를 나누는 구분이 중요했다.

당상관이 되면 모든 대우가 이전과 완전히 달라졌다. 당하관에

[그림 25] 흉배

조선 시대에는 문무관이 입는 관복의 가슴과 등에 학이나 범을 수놓아 붙였다.
바로 흉배胸背이다. 당상관의 경우 문관은 학이 두 마리, 무관은 범이 두 마리였다.
반면 당하관의 흉배에는 학이나 범이 한 마리만 그려졌다. 그림은 문관 당상관이 착용한
쌍학문雙鶴紋 흉배와 무관 당상관이 착용한 쌍호문雙虎紋 흉배.
* 소장처: 국립고궁박물관

서 당상관에 오른 벼슬아치가 느낄 수 있는 가장 직관적인 변화 가운데 하나는, '남의 평가를 받는 사람'에서 '남을 평가하는 사람'이 된다는 점이었다. 당상관에 오르는 과정에서 '남의 평가'는 필수였다. 당상관이 되면 그 수많은 '남의 평가'에서 벗어날 수 있었다. 그리고 당상관은 죄를 짓더라도 쉽사리 처벌받지 않았다. 처벌하더라도 임금의 결재를 받는 일정한 절차가 필요했으며 사회에서 용인하기 어려운 악랄한 죄를 저지르지 않는 이상 그 지위가 박탈되지 않았다. 오늘날로 비유하면 공무원의 경우 '장·차관급', 회사의 경우 '임원급'에 가깝다고 할 수 있겠다. 그래서 조선 시대에 어떤 집안에서 당상관이 나오면, 그것은 그 집안의 큰 경사였다. 판서判書니, 참판參判이니, 대사헌大司憲이니 하는, 조선 시대 사극에 매번 등장하는 유명한 벼슬아치들이 바로 이 당상관 관계에 있는 벼슬아치들이었다.

## 당상관에 오르려면

벼슬아치가 처음 벼슬길에 들어서서 정3품 당상관에 오르기까지 많은 시간이 필요했다. 종9품부터 벼슬살이를 시작한다면 거의 스무 번 가까이 승진해야 오를 수 있는 자리였기 때문이다. 당상관에 오르는 데 10년이 걸렸다면 모두가 시샘할 정도로 정말 빠른 승진 속도였다. 조선 시대 엘리트라고 할 수 있는 문과 급제자도 20년, 30년이 지나는 동안 당상관에 오르지 못하는 경우가 셀 수 없이 많았다.

당상관이 되려면 먼저 관계가 열 번째 서열인 정3품 하계에 이르러야 했다. 벼슬아치가 자신의 관계를 여기까지 올리려면 두 가지가 필요했다. 하나는 근태勤怠 평가 결과였다. 중앙이나 지방 관청에서 근무하는 벼슬아치들은 매일 정해진 출퇴근 시간이 있었다. 하늘에 태양이 떠 있는 시간이 일하는 시간이었다. 낮이 긴 여름철은 묘시卯時(05~07시)에 출근해서 유시酉時(17~19시)에 퇴근했고, 밤이 긴 겨울철은 진시辰時(07~09시)에 출근해서 신시申時(15~17시)에 퇴근했다. 이렇게 출근과 퇴근을 마치면 그 하루를 사일仕日 1일로 계산했다. 수도 경비 업무를 맡는 등 특수한 업무를 수행하는 벼슬아치는 이보다 조금 복잡한 방법으로 근무하기도 했는데, 이 경우도 위 사일을 기준으로 계산해주었다.

다른 하나는 업무 성과를 평가한 포폄褒貶 성적이었다. 각 관청의 당상관이 소속 벼슬아치의 업무 성과를 6개월마다 정기적으로 평가하여 상, 중, 하로 점수를 부여했다. 당상관이 되었을 때 할 수 있는 업무 가운데 하나가 바로 이 평가였다. 그러므로 벼슬아치는 관청에 나가서 일을 하면 근태 평가로서 사일과 업무 성과 평가로서 포폄 성적 두 가지를 받았다. 이 두 가지가 일정한 기준에 부합해야 자신의 관계를 올려 당상관에 조금씩 가까워질 수 있었다.

그 기준은 다음과 같다. 먼저 6품 이상 관계를 지닌 벼슬아치는 900일, 7품 이하 관계를 지닌 벼슬아치는 450일, 사일을 채워야 관계를 올릴 기회가 생겼다. 이 900일, 450일을 채웠다 하더라도 관계가 오른다는 보장은 없었다. 900일이면 자그마치 2년 반이다. 2년 반이 912.5일이 아닌 까닭은 조선 시대는 1년을 360일로 계산하고 지구 공전주기와 오차는 4년마다 윤월을 두어 보완했기 때문이다.

다음으로 이렇게 900일, 450일, 사일을 채운 벼슬아치의 포폄 성적을 확인한다. 포폄은 6개월마다 진행되었으므로 900일이면 총 다섯 차례 평가를 받는다. 여기서 상上을 세 번 이상 받아야 한 단계 높은 등급의 관계를 받을 수 있었다. 이를 아울러 고과考課라고 하기도 했다. 오늘날 널리 쓰고 있는 인사고과人事考課라는 표현이 여기서 나왔다. 한 단계 오르는 데 2년 반이 걸리고, 참상관 관계만 하더라도 열 단계가 넘었으니, 10년 만에 당상관에 오르는 일이 얼마나 빠른 승진이었는지 짐작할 수 있을 것이다.

그렇다면 어떤 벼슬아치가 이렇게 힘들게 관계가 올랐다면, 그는 승진했다고 할 수 있을까? 엄밀히 따지면 승진했다고 할 수 있지만, 관계가 오른 것이지 벼슬이 올랐다고 할 수는 없다. 벼슬아치에게 줄 수 있는 벼슬은 관계에 따라 범위가 정해져 있었다. 예를 들어, 벼슬아치의 관계가 종4품 하계라면, 이 벼슬아치는 위로 세 등급을 뛰어넘어 벼슬을 받을 수 없었다. 즉 종4품 상계, 정4품 하계, 정4품 상계를 넘어 종3품 벼슬에 제수될 수 없었다. 관계와 별개로 벼슬 승진에는 또 다른 절차가 있었다. 다른 사람의 추천서가 필요하기도 했고, 시험을 보기도 했다. 이제 이 벼슬아치는 다음 벼슬에 승진할 수 있는 자격을 갖추었을 뿐이었다.

그마저도 당상관이 되는 문턱, 정3품 하계까지만 이 과정을 거쳐 자격을 갖출 수 있었다. 당상관이 되려면 뒤에서 살펴볼 정말 '당상을 따놓았던 벼슬'을 거치거나, 임금의 특별한 명령이 있어야 했다. 당상관에 오르고 좋은 벼슬에 제수되려면 집안, 학파學派, 당파黨派, 주변 평판 등도 영향을 미쳤지만, 그에 못지않게 고과도 중요했다. 고과에서 좋지 못한 성적을 받으면 승진은 멀어지고 좌천을 당하기도 했다.

좌천左遷도 고과처럼 조선 시대부터 오늘날까지 쓰는 말이다. 좌천이 좌천인 까닭은 조선 시대 문서는 오른쪽부터 왼쪽으로 읽는 세로쓰기였기 때문이다. 벼슬아치를 서열대로 기록하면 서열이 가장 높은 벼슬아치의 이름은 책의 가장 첫 쪽, 오른쪽 위 귀퉁이에 있게 마련이었다. 낮은 관직으로 떨어져 서열이 낮아지면 '왼쪽으로 옮겨[左遷]' 적히게 된다. 말 그대로 좌천이었다. 그밖에 입직入直*이나 당직當直**과 같은 말도 조선 시대부터 쓰임을 확인할 수 있다.

이렇게 당상관에 이르는 규정이 꼼꼼하게 마련된 까닭은, 모든 벼슬아치의 인사는 임금이 결정하는 것이 원칙이었기 때문이다. 어떤 인사가 임금이 정한 규정과 절차에서 벗어나 진행되었다면,

---

* 관아에 들어가 차례로 숙직함.
** 근무하는 곳에서 숙직이나 일직 따위의 당번이 됨.

그것은 임금이 아닌 다른 사람이 인사에 부당하게 개입했다는 근거가 되었다. 당상관 자리는 획득할 수 있는 것이지만, 당상관 자리를 따로 떼서 마련해두는 것은 임금만 가능한 일이었다. 다시 말해, 누군가 열심히 성과를 쌓아서 당상관 자리를 "따놓을" 수는 있어도, 임금이 아닌 누군가가 당상관 자리를 다른 사람을 위해 "떼어놓을" 수는 없었다는 말이다. 그러므로 당상을 당상관으로 보면, "떼어놓은"보다 "따놓은"이 더 어울리는 표현처럼 느껴졌을 것이다. 처음에는 당상관이 착용하는 옥관자가 잘 변하지 않는 귀중품인 탓에 만들어진 속담이었지만, 옥관자가 곧 당상관을 떠올리게 하면서 속담의 표현도 조금씩 변한 것이라고 추정된다. "받아놓은 당상"이라는 비슷한 속담이 남아 있는 것도 이러한 맥락에서 이해할 수 있다.

## 정말 당상을 따놓았던 벼슬

게다가 조선 시대에 정말 당상을 "따놓은" 벼슬들도 있었다. 바로 승문원承文院 정3품 판교判敎, 통례원通禮院 정3품 좌통례左通禮, 봉상시奉常寺 정3품 정正, 훈련원訓鍊院 정3품 정正, 이 네 개 벼슬이다. 《경국대전》에 따르면, 이 벼슬에 있는 벼슬아치는 900일을 채우면 곧바로 당상관에 올랐다. 앞서 살펴보았듯이 다른 벼슬에 있는 벼슬아치는 900일을 채우고 고과에서 좋은 성적을 받았다고 하더라도, 정3품 하계까지 받을 수 있었다. 그런데 이 네 개 벼슬은 임기를 채우면 정3품 상계 통정대부, 즉 당상관 관품을 받을 수 있었다.

여기에 하나 더, 통례원의 우통례右通禮도 포함할 수 있다. 우통례는 좌통례가 임기를 채워서 당상관이 되어 나가면 그 자리를 곧바로 대신했다. 즉 시간은 좌통례보다 조금 더 걸리겠지만 이 벼슬도 거의 "따놓은 당상"이라고 할 수 있는 벼슬이었다. 이 총 다섯 개 벼슬을 받은 벼슬아치는 큰 사고 없이 남은 900일만 근무하면 당상관은 "따놓은" 셈이었다.

이 다섯 개 벼슬은 모두 정3품 벼슬로, 각 관청의 장관長官이었다. 승문원은 외교 문서 작성을 담당하는 관청이었다. 통례원은 각종 국가의례를 진행하는 관청이었다. 봉상시는 국가 제사를 담당하는 관청이었다. 훈련원은 군사를 훈련시키고 무예를 시험하는 관청이었다. 이 가운데 승문원과 봉상시는 문과 급제자 출신만 갈 수 있었고, 훈련원은 무과 급제자 출신만 갈 수 있었다. 그러므로 문과나 무과에 급제하지 못한 벼슬아치는 당상관이 되려면 통례원을 거쳐야 했다.

이처럼 정말 당상을 "따놓았다"고 말할 수 있는 벼슬도 있었고, 옥관자는 물건뿐만 아니라 당상관도 함께 떠올리게 했다. 따라서 아무리 옥관자에서 "떼어놓은 당상"이 시작되었다고 하더라도 "따놓은 당상"도 함께 전해질 수밖에 없었다.

||| **2** |||

# 상피:
## 말도 사촌까지 상피를 본다

"말[馬]도 사촌까지 상피를 본다"는 가까운 친척[*] 사이의 남녀관계를 경계하는 뜻으로 쓰인다. 말을 교배시킬 때도 멀고 가까운 혈통을 확인하는데 사람은 더더욱 말할 것도 없다는 생각이 속담에 새겨져 있다. 오늘날 사촌 간 혼인을 법으로 막지 않는 나라도 있는데, 우리나라는 이 속담처럼 사촌 사이는 물론, 팔촌 사이 혼인을 법적으로 인정하지 않고 있다. 이는 조선 시대도 마찬가지였다. 그런데 왜 굳이 상피라는 표현을 썼을까?

---

[*] 친척親戚은 혈연관계에 있는 친족親族과 혼인관계로 맺어진 인척姻戚을 더한 말이다. 따라서 가리키는 대상에 따라 구분할 수 있지만, 여기서는 우리 일상에서 많이 쓰이는 친척으로 통일하여 썼다.

# 공公과 사私의 구분

속담에서 쓴 상피相避는 풀어 쓰면 '서로 피하다'라는 뜻으로, 벼슬길에서 주로 사용하는 용어였다. 왜 그리고 어떻게 서로 피한다는 것일까? 사례로 살펴보자. 1478년(성종 9) 성종은 자신의 장인 윤호尹壕(1424~1496)에게 경기도 관찰사 자리를 맡기려고 했다. 그러자 사헌부에서 반대하고 나섰다. 임금의 처가를 견제하기 위해서였던 듯하다. 사헌부가 내세운 명분은, 경기도에 윤호와 상피가 있는 사람이 많다는 것이었다. 당시 윤호의 동생 윤해尹垓(?~?)와 윤파尹坡(?~?)는 각각 장단부사와 과천현감이었다. 그리고 안성군수 이영희李永禧(?~?)는 윤호의 사촌동생이었다. 사헌부는 윤호에게 경기도 관찰사를 맡기면, 이 세 명이 모두 벼슬을 이동해야 하므로 쓸데없는 낭비가 생긴다고 지적했다.

관찰사는 수령들의 업무를 감독하고 성과를 평가하는 벼슬이었다. 즉 윤호는 동생과 사촌동생을 평가하는 자리에 부임할 예정이었다. 윤호가 이 자리에 간다면 아무리 원칙대로 평가하더라도 주변의 의심을 살 수밖에 없었고, 그 의심대로 정말 사적인 관계를 공적인 업무에 반영한다면 그것대로 당연히 문제였다. 이같은 문제 때문에 상피가 있으면 벼슬을 주지 않거나 기존 벼슬아치를 이동시켜서 상피가 없도록 했다. 윤호의 사례처럼 업무가 얽힌 벼슬에 서로 가까운 친척이 있는 경우 '상피가 있다'고 표현했다. 조금 더 풀면 '두 벼슬아치가 서로 피해야 하는 상황에 있다' 정도로 쓸 수 있다. 상피는 특정 상황을 가리키므로 속담 표현처럼 상피를 '본다'고 할 수 있었다.

윤호를 둘러싼 논란은 결국 성종이 강하게 밀어붙여 그에게 경기도 관찰사를 맡기는 결과로 끝났다. 상피로 벼슬을 옮길 때는 대체로 벼슬이 낮고 친척 항렬이 뒤에 있는 사람이 피했다. 윤해, 윤파, 이영희는 모두 다른 벼슬로 옮겼다. 상피는 인사뿐만 아니라 나라에서 시행하는 시험이나 재판 등에도 적용되었다. 만약 시험에 응시한 사람이 채점하는 벼슬아치와 친척이거나 재판 당사자가 판결하는 벼슬아치와 친척이라면, 다른 벼슬아치로 바꾸어서 진행하도록 했다.

상피는 나라에서 공적인 업무를 진행할 때 사적인 이해관계가 개입하지 않도록 하는 조치였다. 현대인의 시각으로 볼 때 좋은 쪽으로든 나쁜 쪽으로든 조선 시대 사람들은 오늘날보다 가족, 집안, 친척 등을 훨씬 중요하게 여겼고 자주 교류했다. 그래서 아무리 꼿꼿한 벼슬아치라도 가족과 얽히면 사사로운 정에 이끌려 공적인 업무를 제대로 수행할 수 없다고 판단했다. 팔이 안으로 굽는 건 그야말로 인지상정이므로 아예 그 마음이 생겨나지 않도록 상피와 같은 규칙이 필요했다. 이렇게 공과 사를 구분하기 위한 상피는 오늘날까지도 우리 사회 이곳저곳에서 쓰이고 있다.[*]

---

[*] 2022년부터 시행 중인 〈이해충돌방지법〉 또한 이러한 취지의 법안이다.

나라에서 어떤 공적인 업무를 계획한다면, 계획을 진행하기 전에 먼저 상피가 있는 벼슬아치가 있는지 확인이 필요했다. 그렇다면 업무로 엮인 이 벼슬아치와 저 벼슬아치가 친척일 경우 무조건 피해야 했을까? 상피는 그 많은 친척 가운데 어디부터 어디까지 피해야 했을까? 속담처럼 사촌까지였을까?

## 어디부터 어디까지 서로 피할까

흔히 말하듯 사돈의 팔촌까지 따지기 시작하면 친척의 범위는 끝도 없이 늘어날 수 있다. 영화 〈범죄와의 전쟁〉(2012)에서 이 모습을 잘 묘사하고 있다. "그 저 느그 아부지, 그 우리 형님에 할부지에 구촌 동생의 손자가 바로 익현씬기라." 이 대사처럼 십촌, 십이촌까지 친척이라고 무조건 서로 피하도록 했다면, 아마 조선시대에 제대로 벼슬을 할 수 있는 사람은 없었을 것이다. 그래서 상피해야 하는 친척 범위 관련 규정이 마련되어 있었다. 조선의 법전 《경국대전經國大典》(1485)에서 정한 범위는 다음과 같다.

본종本宗은 대공大功 이상 친척, 사위, 손녀사위, 자매의 남편이다[本宗 大功以上親 及女夫 孫女夫 姉妹夫].
외친外親은 시마緦麻 이상 친척이다[外親 緦麻以上].
처친妻親은 아버지, 할아버지, 형제, 자매의 남편이다[妻親 父

祖父 兄弟 姊妹夫].

본종은 아버지 쪽 집안, 즉 친가라고 이해하면 충분하다. 뒤에 나오는 외친은 어머니 쪽 집안, 즉 외가이다. 마지막 처친은 처가이다.

대공과 시마 등은 모두 상복喪服과 관련한 말이다. 유교 사상에서는 죽은 사람과 얼마나 가까운 친척인지에 따라 다른 상복을 입도록 했다. 상복 등급은 참최斬衰, 자최齊衰, 대공, 소공小功, 시마 순서로 다섯 개가 있었고, 이를 오복五服이라 했다. 이 가운데 참최가 죽은 사람과 가장 가까운 사람이 입는 상복이었고 시마로 갈수록 죽은 사람과 관계는 점점 멀어졌다. 상복 등급은 다시 상복을 입는 기간으로 세분할 수 있었다. 친척의 가깝고 먼 것을 계산할 때는 먼저 촌수와 대수代數를 이용했다. 다음으로 집안, 성별, 혼인 여부 등을 고려했다.

여기서 기준은 '나'이다. 대공 이상은 내가 대공, 자최, 참최를 입는 친척들을 모두 아울러 가리키는 뜻으로 쓰였다. 이 친척의 장례를 치를 때 내가 대공 이상 등급의 상복을 입었다. 마찬가지로 시마 이상은 내가 시마, 소공, 대공, 자최, 참최를 입는 친척들을 모두 아울러 가리키는 뜻으로 쓰였다. 유의할 부분은 조선 시대에 여성만 갈 수 있는 벼슬은 있었지만, 여성들이 남성들과 함께 섞여 벼슬에 오를 수 없었다는 점이다. 따라서 여기서 말하는 사람은 모두 남성 친척이다. 여성 친척의 경우 당사자 대신 남편이 이 범위에 포함되었다. 바로 사위, 손녀사위, 자매(여자 형제)의 남편이다.

이제 각 집안에 설정된 상피 범위를 하나씩 살펴보자. 본종, 친가 쪽은 내가 상복으로 대공, 자최, 참최를 입는 남성 친척이 상피가 있는 친척이 된다. 위아래 대수로 보면, 아버지, 할아버지, 아들, 손자가 있다. 양옆 촌수로 보면, 형과 동생, 숙부(큰아버지 혹은 작은아버지), 조카, 사촌 형제가 있다. 여기에 딸의 남편인 사위, 손녀의 남편인 손녀사위, 자매의 남편이 추가된다. 친가에서 상피가 있는 친척은 모두 사촌 범위 안에 있는 친척들이다.

외친, 외가 쪽은 내가 상복으로 시마, 소공, 대공, 자최, 참최를 입는 친척이 상피가 있는 친척이 된다. 마찬가지로 위아래 대수로 보면 외할아버지가 있다. 양옆 촌수로 보면 외숙부, 외사촌 형제가 있다. 친가와 마찬가지로 모두 사촌 범위 안에 있는 친척들이다. 하지만 친가보다 숫자는 적었다.

처친, 처가 쪽은 아내의 아버지, 즉 장인과 아내의 할아버지, 아내의 형제 및 자매의 남편까지다. 세 집안 가운데 가장 범위가 좁았다. 지금까지 설명한 내용을 그림으로 그리면 [그림 26]과 같다.

상피가 있는 친척은 속담처럼 어느 쪽 집안이든 상관없이 모두 사촌 범위 안에 있는 친척이었다. 하지만 사촌 안에 있는 모든 친척이 상피 대상은 아니었다. 대표적으로 고모부나 이모부의 경우 나와 삼촌만큼 떨어져 있지만 상피 대상은 아니었다. 그렇다면 속담에서 사촌은 범위를 어림잡은 말이었을까?

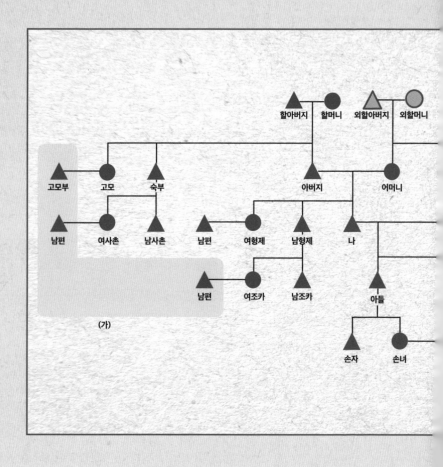

(가)

176

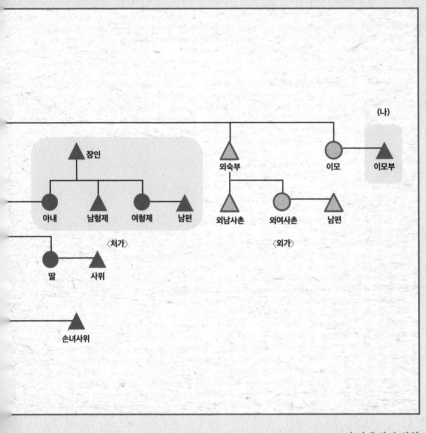

[그림 26] 조선 시대 상피 범위
'서로 피하다'라는 뜻의 '상피'는 나라에서 공적인 업무를 진행할 때
사적인 이해관계가 개입하지 않도록 하는 조치이다.
《경국대전》에는 공적 업무에서 서로 피해야 할 상피 범위가 기록되어 있다.

* 가계도를 최대한 단순하게 표현하기 위해 아내의 할아버지를 비롯하여
처가의 사촌 이내 친척 일부를 생략했다.

앞에서 정리한 상피는 일반적인 벼슬에 적용되는 범위였고 여기서 상피 범위가 끝이 아니었다. 벼슬에 따라 추가되는 상피 대상이 있었다. 가장 높은 관청인 의정부, 나라의 중요한 형벌을 집행하는 의금부, 벼슬아치의 인사를 맡은 이조와 병조, 각종 소송을 맡은 형조와 한성부 등 주요 관청에 속한 벼슬이나 도읍 경비를 맡은 군사 지휘관들은 상피 범위가 더 넓었다.

친가의 경우 고모부, 조카 남편, 사촌 자매 남편([그림 26] (가))이 상피 범위에 추가된다. 외가의 경우 이모부([그림 26] (나))가 추가된다. 처가의 경우 [그림 26]에 미처 그리지 못한 아내의 숙부, 이모부, 조카, 조카 남편, 사촌 형제까지 추가된다. 처가에는 정식 부인뿐만 아니라 첩의 집안도 포함된다. 즉 앞서 사촌 범위 안에 있지만 상피 대상은 아니었던 친척들이 거의 모두 추가된다. 아내의 사촌 자매의 남편 정도만 제외하면 친가, 외가, 처가의 사촌 범위 안에 있는 친척이 모두 상피 대상이 된다.

이렇게 보면 속담은 벼슬에 따라 확장된 범위까지 고려하여 서로 피하는 친척 범위를 정확하게 표현했다고 할 수 있겠다.


## 사람은 말보다 더 넓게 상피를 본다

당연하게도 말은 벼슬을 할 수 없다. 속담에서 말이 사촌까지 상피한다는 뜻은 사촌까지 피해서 교배를 시킨다는 뜻이다. 실제로

우리말에 깃든 조선 벼슬 ⎯●

근친 간 성관계를 뜻하는 '상피붙다'라는 말이 남아 있기도 하다.

오늘날도 가축은 가축 이용에 불리한 형질이 후대에 고스란히 유전되지 않도록 근친교배를 체계적으로 관리한다. 가축을 교배할 때 자식 세대가 물려받은 한 쌍의 유전자가 모두 같은 조상의 유전자일 확률을 계산한다. 이 확률이 높으면, 그 교배로 나온 자식 세대는 유전병에 취약하거나 가축으로서 효용이 떨어지는 형질을 가지고 태어날 가능성이 크다. 이 계산에 따르면, 삼촌 사이에 있는 가축끼리 교배할 경우 그 확률은 12.5퍼센트에 이른다. 사촌 사이는 6.25퍼센트, 이복사촌 사이는 3.1퍼센트이다. 팔촌이면 0.4퍼센트까지 줄어든다.

국립축산과학원은 이 계산을 이용하여 한우 교배를 권장하고 있다. 국립축산과학원의 《한우교배계획 길라잡이》(35호, 2024)를 보면, 이 확률이 3.125퍼센트 이상이면 주의, 6.25퍼센트 이상이면 경고, 12.5퍼센트 이상이면 위험으로 표시한다. 즉 교배하려는 한우 사이 관계가 이복사촌이면 주의, 사촌이면 경고, 삼촌이면 위험으로 표시한 셈이다.

염색체, 형질 등 생물학 지식이 충분하지 않았던 조선 시대 사람들은 이처럼 체계적으로 계산할 수 없었겠지만, 수많은 경험으로 가축을 사촌 이내에서 교배했을 때 건강하지 못한 개체가 태어난다는 사실을 알고 있었다. 그래서 말도 사촌까지 피해서 교배한다는 속담이 나올 수 있었다.

그렇다면 이 속담은 사람도 말처럼 혼인할 때 사촌 친척까지 피해야 한다는 뜻인가? 그렇지는 않다. 말'도' 사촌까지 상피한다고 하니, 사람은 혼인을 할 때 더 넓은 범위의 친척을 피해야 한다는 뜻으로 봐야 한다. 왜냐하면 조선 시대 혼인을 금지하는 친척 범위는 상피 범위, 즉 사촌보다 더 넓었기 때문이다. 혼인을 금지하는 친척 범위를 금혼禁婚 범위라고 했다. 금혼 범위는 고려 시대부터 조금씩 그 범위가 넓어져서 조선 시대를 거쳐 오늘날 팔촌에 이르렀다. 이는 앞서 살펴보았던 상복 제도의 바탕이 되는 유교 사상의 영향과 한반도의 오랜 혼인 문화 때문이었다.

유교 사상에서 상복 등급은 나와 성姓이 같은 친가 남성 친척이 가장 높게 설정되어 있었다. 나와 촌수와 대수가 멀어지고 집안이 달라지면 상복 등급도 낮아졌다. 높은 등급의 상복을 입는 친척일수록 가까운 친척이므로 상피가 필요했다. 만약 이렇게 가까운 친척과 혼인하면 상복 규정이 뒤섞여 복잡해지기 때문이다. 예를 들어, 외사촌 형제와 혼인했다고 가정해보자. 그러면 '나'의 장인은 나에게 외숙부이기도 하다. 이 경우 장인이 죽었을 때 장인을 위한 상복을 입어야 하는지 외숙부를 위한 상복을 입어야 하는지 알 수 없게 된다. 그렇다면 얼마나 가까워야 상피가 필요한 친척이라고 느꼈을까? 이웃 사촌이라는 말도 있듯 사촌까지 친척으로 느끼고, 갑자기 딱 잘라서 오촌부터 먼 친척으로 느꼈을까?

당연히 그렇지 않았다. 상피 범위는 사촌이지만 나와 같은 성씨인 남성은 십촌까지 상복을 입었다. 게다가 18세기 이후 새로운 혼인 풍습이 정착하기 전까지 남성이 여성의 집안으로 장가를

　　　　　　　　우리말에 깃든 조선 벼슬 ⟶●

가는 방식이 오랜 전통이었다. 갈수록 여성이 남편의 집안, 즉 시집을 가는 방식으로 혼인 풍습이 변화했지만, 남성이 장가가는 전통은 쉽게 변하지 않고 오랫동안 남아 있었다. 이 말은 새로 태어나는 아이는 친가보다 외가와 가까운 곳에서, 아니 아예 외가에서 자랄 확률이 높다는 뜻이었다. 실제로 그런 사례가 많았다. 오천원권 지폐의 주인공 이이李珥(1536~1584)가 대표적인 사례이다. 이이는 강릉 오죽헌烏竹軒에서 태어나 어린 시절을 보냈다. 이곳은 어머니 사임당師任堂 신씨申氏(1504~1551)의 친정으로 이이에게 외가였다. 이이는 강릉을 떠난 뒤에도 종종 강릉을 찾았고, 외할머니의 제사를 맡기도 했다.

이이의 사례에서 볼 수 있듯이 조선 사람들은 십촌까지 상복을 입는 친가뿐만 아니라 처가와 외가도 상복 규정에서 정한 것보다 훨씬 넓은 범위의 친척들을 가깝게 느끼고 교류했다. 조선에서 벼슬아치의 비위를 감찰하는 사헌부에서도 종종 규정에 나와 있는 상피 범위보다 더 넓은 범위를 감찰하곤 했다.

상복 규정만 따진다면 상복 규정이 서로 뒤섞이지 않는 선에서 혼인할 수 있었다. 그러나 조선 사람들은 상복 규정과 상관없이 대략 팔촌 안에 있는 모든 친척을 가깝다고 생각했다. 그래서 다른 성씨일지라도 팔촌 사이라면 혼인을 어색하게 여겼다. 이 '말[馬]도' 사촌까지 상피를 본다는 말은 곧 거부감에서 나온 속담이라고 할 수 있다. 이 거부감은 점점 팔촌 이내 혼인은 물론, 나아가 아예 동성同姓의 혼인을 금지하는 데까지 이르렀다.

[그림 27] 〈임이완용任爾頑傭 자부상피自斧傷皮〉

1909년 7월 25일 자 《대한민보》에 실린 이도영의 삽화.

'임이완용任爾頑傭 자부상피自斧傷皮'는 뜻만 보면 '솜씨가 없는 일꾼에게
도끼질을 맡기니 제 살에 상처를 낸다'는 의미이지만, 음만 보면
'이완용이 며느리와 상피붙는다'는 의미가 된다. 당시 을사늑약 체결에 앞장섰던
이완용의 행태를 조롱하는 삽화다.

* 소장처: 국립중앙도서관

이렇게 벼슬아치들 사이에서 주로 쓰이던 상피는 조선 시대 친척 인식과 긴밀하게 연결된 개념이었다. 덕분에 조선 사람들은 상피라는 낱말 하나에서 벼슬, 친척, 상복, 혼인 등을 떠올릴 수 있었을 것이다. 이 과정에서 함께 벼슬을 할 수 없는 친척과 가까워진 상황을 가리키는 말이, 혼인할 수 없는 친척과 가까워진 상황을 가리키는 말까지 연결된 게 아닐까.

한편 이 혼인할 수 없는 친척과 가까워진 상황에서 한걸음 더 나아간 '상피붙다'라는 표현은 일제강점기 사람들이 이완용李完用(1858~1926)의 행태를 조롱하는 데 사용되기도 했다. 이른바 '경술국치庚戌國恥'를 1년 앞둔 1909년 7월 25일 자《대한민보大韓民報》 중앙에 삽화가 하나 실려 있다. 우리나라 최초 만화이자 시사만화의 효시로 평가받는 이도영李道榮(1884~1933)의 그림이었다.

[그림 27]에 나오는 '임이완용任爾頑傭 자부상피自斧傷皮'는 '솜씨가 없는 일꾼에게 도끼질을 맡기니 제 살에 상처를 낸다'는 뜻이다. 여기서 한자 뜻은 생각하지 않고 발음만 읽으면 이완용이 자부子婦, 즉 며느리와 상피붙는다는 뜻이 된다. 아들이 유학을 떠난 사이 이완용이 며느리와 간통했다는 이야기는 당시에 꽤 유명했다. 황현黃玹(1855~1910)의《매천야록梅泉野錄》에도 이 이야기가 남아 있다. 조선 사람들은 을사늑약乙巳勒約(1905) 체결에 앞장섰던 이완용을 지독하게 미워했고 여기저기에 모진 욕설을 많이 남겼다. 이 그림도 그것들 가운데 하나였다.

# ||| 3 |||
## 공사:
### 조선공사삼일

'조선공사삼일朝鮮公事三日'은 조선에서 시행한 정책이나 법령은
사흘 안에 바뀐다는 뜻으로, 한 번 시작한 일이 오래 계속되지 못
함을 비유한 말이다. 비슷한 말로 '고려공사삼일高麗公事三日'이 있
다. 건국 후에도 다른 나라에서 조선을 부를 때 종종 고려라고 하
기도 했으므로 사실 둘은 같은 말이다. 우리 일상에서 조금 더 친
숙한 말은 작심삼일作心三日이다. 작심삼일 뜻도 '조선공사삼일'과
크게 다르지 않다.

우리말에 깃든 조선 벼슬 ──●

# 우리나라 사람들만 작심삼일?

처음에 '고려공사삼일'은 조선 사람들이 망한 나라, 고려를 비판할 때 사용했다. 고려 말 사회 혼란이 극심해지면서 정책이 일관성을 잃고 시행과 폐지를 반복했다고 이해했기 때문이다. 그런데 '고려공사삼일'은 고려만의 문제가 아니었던 모양이다. 세종은 이 현상이 자주 나타난다고 지적하며 다음과 같이 말했다.

처음에는 부지런하지만 결국 게을러지는 것이 우리나라 사람의 고질병이다. '고려공사삼일'이라는 속담은 빈말이 아니다.

세종의 말처럼 '고려공사삼일'은 그대로 '조선공사삼일'로 이어졌다. 오늘날에도 '조선공사삼일'은 우리나라의 안일한 일 처리를 자조 섞인 목소리로 비판할 때 주로 쓰이고 있다. 이 과정에서 '조선공사삼일'은 잘 알려진 작심삼일의 유래로 설명되기도 하고, 우리나라의 '국민성'을 보여주는 속담으로 이해되기도 한다. 그런데 작심삼일이 우리나라만의 특징이었을까? 먼저 중국 속담을 보자.

사흘 동안 고기를 잡고 이틀 동안 그물을 말린다[三天打鱼 两天晒网].

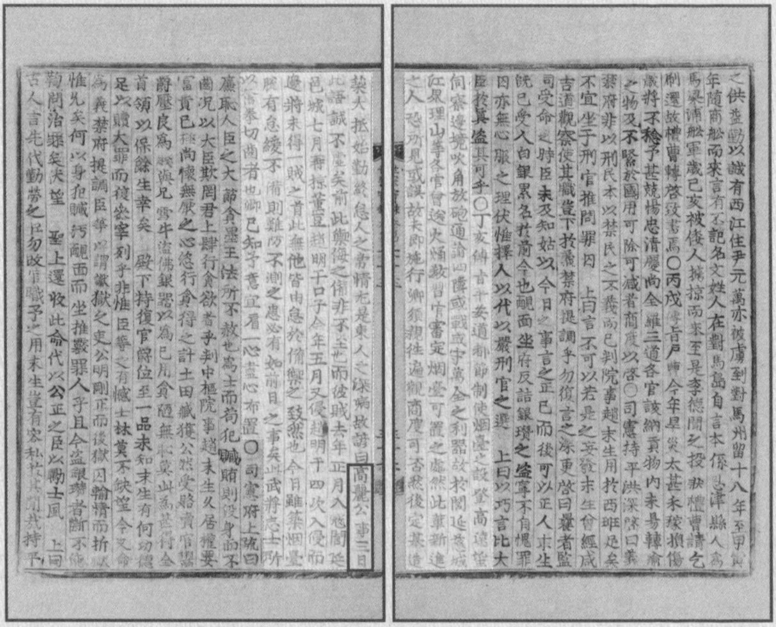

[그림 28] '고려공사삼일'

1436년(세종 18) 세종은 처음에는 부지런하다가
나중에는 게을러지는 것이 우리나라 사람의 고질병이라 질타하면서
속담 '고려공사삼일'이 빈말이 아니라고 강조했다(《세종실록》 73권, 윤6월 23일 정해).

＊출처: 국사편찬위원회 한국사데이터베이스 조선왕조실록

이 속담은 어떤 일을 인내심을 가지고 꾸준히 하지 못하고 하다가 말다가 한다는 뜻이다. '조선공사삼일'과 뜻이 같다. 다음으로 일본 속담을 보자.

사흘 승려[三日坊主·みっかぼうず]

이 역시 같은 뜻이다. 승려가 되려고 마음먹었는데 그 마음이 3일을 채 넘기기 어렵다는 말이다. 한·중·일 속담 모두 무언가를 오래 하지 못한다는 뜻인데 기간마저 비슷하다. 실제로 작심삼일은 어떤 나라의 고유한 특징이 아니었다. 오히려 사람의 특징이었다. 《나는 왜 꾸물거릴까?》(2023)에 따르면, '스트레스 반응 호르몬'의 유효 기간이 이 '3일'이라는 시간과 관련이 있다. 어떤 새로운 일을 시작하면 이 호르몬이 분비되어 약 3일 정도 스트레스를 줄여준다. 이는 그 일을 계속하는 힘으로 작용한다. 그런데 3일이 지나면 호르몬의 효과는 사라지고 지루함과 부담감만 남는다. 결국 우리는 애초에 3일마다 '작심'을 할 수밖에 없고, 매번 가장 강한 상대인 나 자신과 싸워야 한다. 다행스럽게도 우리의 원대한 계획이 언제나 작심삼일에 그칠 수밖에 없는 이유가 있었던 셈이다. 우리나라뿐만 아니라 중국과 일본에도 왜 이 3일을 소재로 하는 속담이 있는지 어느 정도 이해할 수 있게 해주는 과학적 근거이다.

# 다른 일도 아닌, 왜 하필 공사가 삼일일까?

이 책에서 주목하고 싶은 부분은 '조선'과 '삼일'이 아니라 '공사公事'이다. 어부와 승려로 비유한 다른 나라 속담과 달리, 조선은 벼슬아치의 공적公的 업무로 작심삼일을 비유했다. 더 많은 속담, 중국과 일본 이외에 다른 나라 속담도 찾아봐야겠지만, 한·중·일 삼국만 비교해보면 특이하게 느껴지는 현상이다. 이 역시 조선 사람들이 얼마나 벼슬과 벼슬아치가 하는 일에 익숙했는지 보여주는 모습 가운데 하나가 아닐까?

관청 업무의 특징이 드러나는 속담도 여럿 있다. 앞서 살펴본 포도청 또한 그러한 종류 가운데 하나였다. "호조 담을 뚫겠다"는 재물에 욕심이 많아 이익을 위해 형벌도 두려워하지 않는다는 뜻이다. 호조戶曹는 세금과 나라의 재산을 관리하는 곳이었으므로, 이 속담은 나라의 곳간까지 욕심을 부릴 정도라는 뜻이었다. "형

---

[그림 29] 〈호조〉와 〈형조〉
그림은 조선 시대 중앙 및 지방의 관아 공간 구조와 문화 경관 특성을 파악할 수 있는 《숙천제아도宿踐諸衙圖》(19세기)에 수록된 〈호조〉, 1709년(숙종 35)에 열린 추관(형조 관리)들의 계회契會(문인文人들의 모임을 말한다. 과거에 함께 급제한 사람들, 소속 관청이 동일한 벼슬아치들, 나이가 같은 사람들 등 모임의 성격은 여러 가지가 있었다)를 기록한 화첩《추관계첩秋官契帖》에 수록된 〈형조〉다.
＊소장처: 미국 하버드대학교 옌칭연구소·서울역사박물관

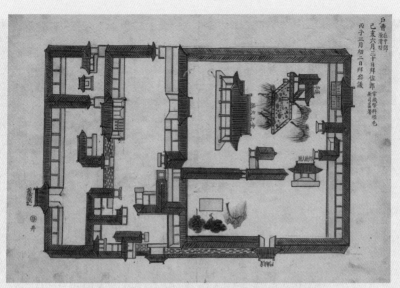

戶曹在中部
己亥六月三十日拜位郎常骏学科颂巴
丙子三月初二日拜祭議

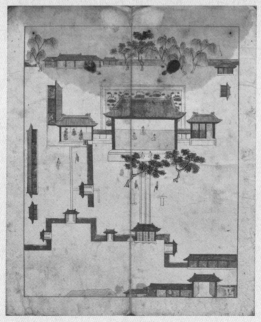

189

방 서리 집이라", "형조 옥졸의 버릇", "형조 패두의 버릇이냐"는
사람을 마구 때리는 버릇을 뜻한다. 형조에서 죄인에게 형벌을
집행하는 이가 옥졸과 패두牌頭라서 생긴 속담이었다. "병조 적간
이냐"는 무언가를 꼼꼼하고 세밀하게 조사한다는 뜻이다. '적간摘
奸'은 병조에서 군사들이 장비를 잘 갖추었는지, 전투 준비가 잘
되어 있는지를 확인하는 절차였다. 군 복무 경험이 있는 대한민
국 국민이 '전투장비 지휘검열'이 어떠했는지 떠올려본다면, 대
강 이 속담을 이해할 수 있을 듯하다.

조선 사람들이 '공사'에 익숙했던 원인은 무엇일까? 또 '공사'
가 금세 바뀌는 꼴을 많이 봤을까? 아직 관련 연구가 많이 진행되
지 않은 상황이라 당장 자세한 답을 찾는 건 무리다. 다만 논리 비
약의 위험과 논증의 압박에서 잠시 비켜서서 한 가지 가능성을 상
상해보겠다. 한·중·일 삼국 중 우리나라만 작심삼일 속담에 '공
사'를 쓴 까닭은, 통치 방식과 범위의 차이 때문일 수 있다. 중국
은 동아시아 관료제의 기반을 닦았고 그것을 선진적으로 발전시
켰다. 하지만 중앙에서 내리는 판단과 명령만으로 그 넓은 땅과
수많은 사람을 통치하기는 어려웠다. 일본은 열도列島라는 지형
적 특징이 있었고, 오랜 기간 각 지방 세력에게 통치의 많은 부분
을 위임했다. 반면 우리나라는 중앙에서 3일 만에 바뀐 명령이 곧
바로 전달될 수 있는 관료제가 정비되어 있었고, 또 그 바뀐 명령
이 금세 지방 곳곳까지 도달할 수 있는 지형적 조건이 갖추어져
있었다. 이런 이유 때문에 고려 혹은 조선 사람들이 '공사삼일'을

피부로 느낄 수 있지 않았을까?

　연구자로서 피하고 싶은 다소 자유로운 상상이지만, 이 상상을 통해 한 가지는 확인할 수 있었다. '공사삼일'을 '해내려면' 그만큼 명령의 수정과 보완이 빨라야 하며, 동시에 그것을 전달하는 명령체계와 교통도 훌륭해야 한다는 것이다. 어쩌면 어떤 '공사삼일'은 조금이라도 더 나은 판단을 하기 위해 수없이 시도한 시행착오의 부산물일지도 모른다. 하지만 그렇다고 해서 '공사삼일'을 상황에 따라 권장할 만하다고 주장하고 싶지는 않다. 그저 '공사삼일'도 일정한 조건이 갖추어져야 할 수 있다는 생각을 덧붙이고 싶을 뿐이다.

## 꼬리말
## | 조선 벼슬이 남길 것들 |

우리에게 알려진 조선 벼슬은 1392년 조선 건국과 함께 탄생하여 1894년 갑오개혁으로 개편되기까지 500년 가까이 존속했다. 그리고 조선 왕조는 이 벼슬을 그 긴 시간 동안 운영한 국가 조직이었다. 벼슬을 둘러싸고 꼬일 대로 꼬인 오랜 문제가 켜켜이 쌓여 있었을 테지만, 동시에 수많은 시행착오를 겪은 경험도 모여 있었을 것이다. 조선 벼슬은 '나라가 사람을 어떻게 쓰는가'라는 질문에 대한 해답을 그러모은 문화유산이었다. 이 책은 우리말에 깃든 이 문화유산의 모습을 일부나마 드러내 보이려고 했다.

우리는 아직 이 문화유산에서 무엇을 남길지 정하지 못했다. 아니, 사실 무엇을 남겼는지도 전부 확인하지 못했다. 조선 왕조가 일본제국주의의 식민지로 끝나면서, 우리는 조선 벼슬을 발전적으로 계승할 수 있는 기회를 잃었다. 그토록 벼슬과 나랏일에 가까웠던 사람들의 생각, 500여 년 동안 하나의 조직을 운영했던 경험은 우리 역사에서 고스란히 누락되고 말았다. 식민지를 겪은 사람들에게 조선은 한심한 왕조에 불과했다. 근대 지식인들은 조선 왕조의 무능함에 한탄하고 적개심까지 드러내기도 했다. 이는 다소 불공평하기는 했지만 당연한 반응이기도 했다.

1945년 8월 15일 해방을 맞이한 뒤에도 이러한 시각은 크게 달라지지 않았다. 조국 근대화가 '한민족'의 과제로 떠오르면서 조선 왕조는 더 이상 배울 것이 없는 존재가 되었다. 오히려 조선 왕조의 실책과 잘못을 낱낱이 파헤치고 비판해야 근대화에 성공할 수 있다는 믿음이 퍼져갔다. 조선 왕조는 경험을 계승할 대상이 아니라 앞으로 나아가기 위해 극복해야 할 무엇이었다. 조선 시대 연구 성과가 늘어난 1980년대에 들어서야 조선은 식민지의 원인을 제공한 망국의 이미지에서 조금씩 벗어날 수 있었다. 그러나 여전히 경제성장·효율성·선진국과 같은 구호가 다른 목소리에 비해 압도적인 우리 사회에서, 이 구호에 어울리지 않는 조선의 경험을 굳이 찾아내려는 시도들은 그다지 주목받지 못하고 있다. 이 같은 흐름을 살펴보면 조선 벼슬이 아직 우리말에 남아 있는 게 신기할 정도이다.

이 책은 사라지고 있는 것들에 대한 애정에서 시작됐다. 그렇다고 조선 벼슬이 오늘날보다 나은 부분이 있으니 힘써 되살리자고 말하고 싶은 건 아니다. 조선 벼슬과 그것을 둘러싼 시스템을 있는 그대로 복원한다 하더라도 우리에게 쓸모없는 제도일 가능성이 크다. 그것이 단지 과거에 존재했기에 뒤떨어진 제도가 아닌 것처럼, 그것이 과거에 훌륭했다고 해서 오늘날에도 어울리는 제도는 아니다. 조선 벼슬은 우리보다 앞서 국가 조직, 그리고 그 안에서 움직이는 사람을 두고 고민을 거듭했던 흔적이다. 이 흔적에서 원래 생김새를 찾고, 그 가운데 우리가 무엇을 남길 것인지 선택할 수 있는 여유와 기회는 우리 삶을 나아지게 하는 데 도움을 줄 수 있다고 믿는다. 이 선택 과정에서 오늘날 우리가 속한 조직과 공동체가 언제나 이 모양이 아니었고, 마땅히 추구해야 할 정답 같은 모양은 없으며, 새롭게 제시된 해답에 따라 언제든 변화할 수 있다는 사실을 확인할 수 있을 것이기 때문이다.

이 책은 우리와 가까이 있지만 눈으로 확인하기 어려운 문화유산을 보여주는 데 목표가 있었다. 독자 여러분이 이 책을 보고 '우리 가까이에 이런 문화유산이 있었구나'라고 느낀다면, 이 짧은 책의 역할은 다한 것이다. 여기에 더해 조선 벼슬이 깃든 우리말을 추적하는 과정이 잔잔한 지적 유희를 선사했다면, 그래서 혹시라도 독자 여러분이 각자 힘쓰고 있는 영역에서 새로운 상상을 하는 데 조금이나마 도움이 되었다면 더 바랄 것이 없다.

# • 참고문헌

* 이 책에서 이용한 자료는 아래에서 제공하고 있는 웹사이트에서 찾아볼 수 있다.
그리고 모든 항목에서 《조선왕조실록》, 《승정원일기》, 《경국대전》은 공통으로 사용
했다. 그 이외에 사용한 자료는 항목마다 기재했다.

고려대학교 한국사연구소 중세연구실 인적정보열람(korea.khistory.org)

국립국어원 표준국어대사전(stdict.korean.go.kr)

국립중앙도서관 한국고문헌종합목록(www.nl.go.kr/korcis)

국사편찬위원회 한국사데이터베이스(db.history.go.kr)

네이버 뉴스라이브러리(newslibrary.naver.com)

농촌진흥청 국립축산원(www.nias.go.kr)

대한민국 법제처 법령정보센터(www.law.go.kr)

서울대학교 규장각한국학연구원(kyu.snu.ac.kr)

한국고전번역원 한국고전종합DB(www.law.go.kr)

한국국학진흥원 스토리테마파크(story.ugyo.net)

한국학중앙연구원 디지털 장서각(jsg.aks.ac.kr)

한국학중앙연구원 한국역대인물 종합정보시스템(people.aks.ac.kr)

한국학중앙연구원 한국학자료포털(kostma.aks.ac.kr)

한국학중앙연구원 한국학진흥사업 성과포털(waks.aks.ac.kr)

김동진,《선인들이 전해 준 어원 이야기》, 태학사, 2001.

박갑수,《우리말 우리 문화(상, 하)》, 역락, 2014.

백문식,《우리말 어원사전》, 박이정, 2014.

이기문,《속담사전》(개정판), 일조각, 1980.

이병철,《모국어를 위한 불편한 미시사》, 천년의상상, 2021.

임종대 편저,《한국 고사성어》, 미래문화사, 2011.

조항범,《우리말 어원 사전》, 태학사, 2022.

＿＿＿,《정말 궁금한 우리말 100가지》, 위즈덤하우스, 2009.

# 1장 오해가 끌어낸 벼슬

## 주사와 주서: 개고기주사

메리 린리 테일러,《호박목걸이》, 책과함께, 2014.

서영희,《대한제국정치사연구》, 서울대학교출판부, 2003.

서울역사박물관 웹사이트 museum.seoul.go.kr

서울역사박물관,《딜쿠샤 서울 앨버트 테일러 가옥》, 서울역사박물관, 2023.

왕현종,《한국 근대국가의 형성과 갑오개혁》, 역사비평사, 2002.

친일인명사전편찬위원회,《친일인명사전》, 민족문제연구소, 2009.

김현정·최선아·박영희·김병희,〈일제강점기부터 사용해온 공무원의 명칭 변경에 관한 연구〉,《인문사회과학연구》22-1, 2021.

## 대간: 고약하다 고약해

김범,《사화와 반정의 시대》, 역사의아침, 2015.

이영훈,《세종은 과연 성군인가》, 백년동안, 2018.

정두희,《朝鮮時代의 臺諫研究》, 일조각, 1994.

최승희,《朝鮮初期 言論史研究》, 지식산업사, 2004.

_____,《朝鮮初期 政治史研究》, 지식산업사, 2002.

김범,〈조선 성종~중종 대 의정부, 육조, 삼사 주요관직의 인사이동 상황과 그 의미〉,《동방학지》, 126, 2004.

소순규,〈사회경제사로 윤색된 뉴라이트 '유교망국론'―이영훈,《세종은 과연 성군인가》의 노비제론 비판〉,《역사비평》136, 2021.

송웅섭,〈조선 초기 '공론'의 개념에 대한 검토―대간 언론과의 비교를 통해서〉,《한국학연구》30, 2015.

이민우,〈세종대 경제정책의 연속성과 국가경제의 창출〉,《역사비평》144, 2023.

### 한성부: 서울 무섭다니까 남태령부터 긴다

김주환,〈"대한민국 수도는 서울이다"라는 관습헌법의 허구성〉,《홍익법학》22-1, 2021.

김창현,〈고려 개성부와 조선초 한성부의 직제와 영역〉,《서울과역사》95, 2017.

박종진,〈고려말 조선초 개성부의 위상〉,《동방학지》170, 2015.

방승주,〈수도가 서울이라는 사실이 과연 관습헌법인가?〉,《공법학연구》6-1, 2005.

이부하,〈헌법의 개념과 관습헌법〉,《한양법학》20-2, 2009.

이존희,〈朝鮮王朝의 留守府 經營〉,《한국사연구》47, 1984.

임용한,〈조선 초기 한성부의 기능과 한성판윤〉,《서울과역사》95, 2017.

정연주,〈신행정수도의건설을위한특별조치법 위헌결정에 대한 헌법적 검토〉,《공법학연구》7-1, 2006.

최성환,〈정조 대 수원 화성 신도시의 위상과 別京 구상〉,《역사교육》151, 2019.

한희숙,〈조선 초기 개성의 위상과 기능〉,《역사와현실》79, 2011.

## 2장 마땅히 해야 할 역할에 대한 기대

임금: 나라님도 가난은 못 구한다
《孟子》,《耳談續纂》
오항녕,《실록이란 무엇인가》, 역사비평사, 2018.


벼슬아치: 계란유골
《松南雜識》,《典故大方》,《淸選考》,《太平閑話滑稽傳》
이성무,《방촌 황희 평전》, 민음사, 2014.
김일환, 〈고불 맹사성의 재상정치활동 연구〉,《포은학연구》19, 2017.
이정주, 〈태조~태종 연간 孟思誠의 정치적 좌절과 극복〉,《조선시대사학보》50,
    2009.
최영성, 〈황희 그 역사적 평가와 위상에 대한 일 고찰〉,《동양고전연구》73, 2018.


양반: 양반은 얼어 죽어도 겻불은 안 쥔다
김성우,《조선중기 국가와 사족》, 역사비평사, 2001.
미야지마 히로시, 노영구 옮김,《미야지마 히로시의 양반》, 너머북스, 2014.
송준호,《朝鮮社會史研究》, 일조각, 1982.
이성무,《朝鮮初期 兩班研究》, 일조각, 1980.
정두희,《왕조의 얼굴》, 서강대학교 출판부, 2010.
한영우,《朝鮮前期社會經濟硏究》, 을유문화사, 1983.
계승범, 〈양반사회 개념의 탄생과 확산, 그 사학사적 고찰〉,《한국사학사학보》41,
    2020.
박진훈, 〈조선 兩班의 객관적 실체에 대한 종합적 이해〉,《한국사연구》146, 2009.
유승원, 〈조선시대 '양반' 계급의 탄생에 대한 시론〉,《역사비평》79, 2007.
이병휴, 〈양반이란 무엇인가〉,《한국사시민강좌》29, 2001.

# 3장 좋은 벼슬을 향한 욕망과 통찰

정승: 개같이 벌어서 정승같이 쓴다
《宇文集》,《芝峯類說》,《退軒集》
김갑주, 〈院相制의 成立과 機能〉,《동국사학》12, 1973.
이동희, 〈朝鮮初期의 院相의 設置와 그 性格〉,《전북사학》16, 1993.


평양감사: 평양감사도 저 싫으면 그만이다
《擇里志》,《道路考》
〈근대 전환기 알렌 문서〉 한국학진흥사업 성과포털 데이터베이스
권내현,《조선 후기 평안도 재정연구》, 지식산업사, 2004.
오수창,《조선 후기 평안도 사회발전 연구》, 일조각, 2002.
박범, 〈조선 후기 평안감영 재원의 성격과 물류의 추이〉,《한국문화》94, 2021.

# 4장 백성과 맞닿은 벼슬

수령: 원님 덕에 나팔이라
《戶口總數》
이수건,《朝鮮時代 地方行政史》, 민음사, 1989.
이존희,《朝鮮時代地方行政制度研究》, 일지사, 1990.
이훈,《만주족 이야기》, 너머북스, 2018.
임용한,《朝鮮前期 守令制와 地方統治》, 혜안, 2002.
박경숙, 〈인구동태와 호정〉,《사회와역사》133, 2022.
손병규, 〈18세기 말의 지역별 戶口摠數, 그 통계적 함의〉,《사림》38, 2011.

포도청: 목구멍이 포도청

유승희, 《민이 법을 두려워하지 않는다》, 이학사, 2014.

배항섭, 〈조선 후기 삼정문란과 명화적〉, 《역사비평》 17, 1991.

이정수, 〈조선 초기 도적발생과 국가적 대응〉, 《한국중세사연구》 1, 1994.

차인배, 〈조선 중기 포도대장 인사 특성과 정치적 의미〉, 《대구사학》 112, 2013.

_____, 〈조선 후기 서울의 도시범죄와 포도청의 활동〉, 《한국사학과문화》 41, 2008.

_____, 〈조선 후기 포도청 치안활동의 특성 연구〉, 《사학연구》 100, 2010.

_____, 〈조선 후기 포도청의 기능 변천〉, 《경주사학》 22, 2003.

_____, 〈조선 후기 포도청의 사법적 위상과 활동 변화〉, 《역사민속학》 58, 2020.

_____, 〈조선 후기 포도청의 야순활동과 야금정책의 변통〉, 《한국학연구》 39, 2015.

한희숙, 〈朝鮮 中宗代 盜賊의 활동과 그 특징〉, 《역사학보》 157, 1998.


차사원: 함흥차사

《耳談續纂拾遺》

김순남, 《조선 초기 體察使制 연구》, 경인문화사, 2007.

윤정, 《국왕 숙종, 잊혀진 창업주 태조를 되살리다》, 여유당, 2013.

김순남, 〈朝鮮初期 敬差官과 外官〉, 《한국시학보》 18, 2004.

임선빈, 〈조선 초기 '외방사신'에 대한 시론〉, 《조선시대사학보》 5, 1998.

정다함, 〈朝鮮初期 野人과 對馬島에 대한 藩籬·藩屏 認識의 형성과 敬差官의 파견〉, 《동방학지》 141, 2008.

정현재, 〈조선 초기의 敬差官에 대하여〉, 《복현사림》 1-1, 1979.

# 5장 모두에게 익숙한 벼슬길


## 당상관: 따놓은 당상

김송희, 《朝鮮初期 堂上官 兼職制 研究》, 한양대학교출판부, 1998.

남지대, 〈朝鮮初期 中央政治制度研究〉, 서울대학교 박사학위논문, 1993.

김순남, 〈조선 초기의 堂上官〉,《사총》45, 1996.

소순규, 〈조선 전기 座目의 운영과 당상관 인사 관행〉,《조선시대사학보》94, 2020.

이지훈, 〈조선 초기 循資法의 정비와 운영〉,《역사학보》229, 2016.

_____, 〈조선 초기 개월법箇月法 성립과 관원 연공평가체계 형성〉,《역사와현실》126, 2022.


상피: 말도 사촌까지 상피를 본다

이종서,《고려·조선의 친족용어와 혈연의식》, 신구문화사, 2009.

_____, 〈11세기 이후 금혼 범위의 변동과 그 의미〉,《사회와역사》64, 2003.

이지훈, 〈조선《璿源錄》 기재 대상의 범위와 대우〉,《고문서연구》52, 2018.


공사: 조선공사삼일

이동귀·손하림·김서영·이나희·오현주,《나는 왜 꾸물거릴까?》, 21세기북스, 2023.

# • 찾아보기

【ㄱ】
가장주서家獐主書 14
고과考課 166~168
관계官階 96, 100~102, 162, 164~166
관료제 21, 190
관습 헌법 44~46
관찰사觀察使 31, 33, 108~112, 115,
　118, 121, 129, 142, 143, 171, 172
금혼禁婚 180

【ㄴ】
남면南面 61

【ㄷ】
대감大監 95~98, 105
당상堂上 5, 6, 103, 156~158, 160,
　161, 167~169
당직當直 167
동반東班 83~86, 101

【ㅁ】
무인정사戊寅定社 144
문묘文廟 59, 67
묘호廟號 74

【ㅂ】
배향공신配享功臣 74, 78, 80, 81
본종本宗 173~175

【ㅅ】
사또 119~121, 125
사일仕日 165, 166
사조四祖 88
상감上監 96
서반西班 83~86, 101
시호諡號 76~78, 151~154

【ㅇ】
양반兩班 53, 82~85, 87~92, 126
양위讓位 60

영감令監 97, 98
오복五服 174
옥관자玉貫子 157, 158, 160~162, 168, 169
원상院相 96
입직入直 167

【ㅈ】
작심삼일作心三日 184, 185, 187, 188, 190
좌천左遷 33, 34, 167
주사主事 13, 14, 17, 18, 20~25
주서注書 13~15, 17, 18, 20, 24

【ㅊ】
처친妻親 173~175
청백리淸白吏 65~68, 72, 73, 76, 77, 80
청현직淸顯職 15

【ㅌ】
태상왕太上王 150
통정대부通政大夫 97, 101~103, 162, 169
통리기무아문統理機務衙門 21

【ㅍ】
포졸捕卒 137, 139
포폄褒貶 165, 166
품계석品階石 85, 86

**금요일엔 역사책 ⑪**

우리말에 깃든 조선 벼슬

2025년 2월 15일 1판 1쇄 발행
2025년 2월 19일 1판 1쇄 발행

지은이      이지훈
기획        한국역사연구회
펴낸이      박혜숙
디자인      이보용  김진
펴낸곳      도서출판 푸른역사
           우) 03044 서울시 종로구 자하문로8길 13
           전화: 02)720-8921(편집부) 02)720-8920(영업부)
           팩스: 02)720-9887
           전자우편: 2013history@naver.com
           등록: 1997년 2월 14일 제13-483호

ⓒ 이지훈, 2025
ISBN  979-11-5612-290-6  04900
      979-11-5612-252-4  04900(세트)